Caspar David Friedrich

Redaktion:
Peter Krieger

Katalog:
Hans Gerhard Hannesen

Fotos:
Jörg P. Anders, Berlin

Layout:
Christian Ahlers

Lithos:
Meisenbach Riffarth & Co
Berlin

Druck:
Druckhaus Hentrich, Berlin

Buchhandelsausgabe:
Frölich & Kaufmann
Berlin

Printed in Germany

ISBN 3-88725-187-3

Caspar David Friedrich

Die Werke aus der
Nationalgalerie Berlin
Staatliche Museen
Preußischer Kulturbesitz

Ausstellung in der
Staatsgalerie Stuttgart
4. April – 26. Mai 1985

Vorwort

Die Nationalgalerie Berlin und die Staatsgalerie Stuttgart verbinden viele Dinge. Zunächst einmal behaupten die Häuser ganz polare architektonische Positionen mit Ludwig Mies van der Rohe, einem der Väter der Moderne, und mit James Stirling, einem der Väter der Postmoderne. Beide Museen bewahren nicht nur eine reiche Tradition des 19. Jahrhunderts, sondern sie vertreten heute auch eine progressive, an höchster Qualität orientierte internationale Sammlungspolitik. Zudem gehört das Land Baden-Württemberg zu den langjährigen Trägern der Stiftung Preußischer Kulturbesitz. Und schließlich wollen beide Museen in naher Zukunft wichtige Ausstellungen gemeinsam durchführen. Diese Kooperation hat zu Zeiten enger werdender Haushalte große Bedeutung.

Wenn die Nationalgalerie nun mit ihrem Gesamtbestand an Werken von Caspar David Friedrich nach Stuttgart kommt, so will sie damit den Dank der Stiftung Preußischer Kulturbesitz für die treue Unterstützung durch das Land Baden-Württemberg abstatten und für die vielen und bedeutenden Leihgaben, die bisher aus der Staatsgalerie nach Berlin kamen. Die Staatsgalerie wiederum möchte, bisher auf Ausstellungen weniger angewiesen, ihre Zugehörigkeit zu der Solidargemeinschaft bestätigen, in denen Museen heute stehen und ohne die sie ihre Aufgabe gegenwärtig nicht erfüllen könnten.

Daß sich überhaupt die temporäre Verlagerung eines ganz zentralen Sammlungsbestandes des 19. Jahrhunderts ermöglichen ließ, liegt daran, daß die Bestände des frühen 19. Jahrhunderts in der Nationalgalerie gegenwärtig durchgesehen und neu geordnet werden, bevor sie im Jahre 1986 – zusammen mit den Bildern von Friedrich, die der Stiftung gehören und die bisher im Schinkel-Pavillon ausgestellt waren – in einer „Galerie der Romantik" als Dependance der Nationalgalerie im Knobelsdorff-Flügel des Charlottenburger Schlosses bis zur Errichtung eines längst erforderlichen Neubaus untergebracht und damit wenigstens für das nächste Jahrzehnt festgelegt werden.

Wir danken unseren Kollegen von der Verwaltung der Staatlichen Schlösser und Gärten in Berlin für ihre Kooperationsbereitschaft, Peter Krieger für die Vorbereitung der Ausstellung und des sie begleitenden Kataloges, ebenso Hans-Gerhard Hannesen, der die Bildtexte verfaßt hat, sowie Wilfried Bennstein, Roderich Krus und Hana Streicher für die restauratorische Betreuung der Bilder und die sorgfältige Transportüberwachung.

Peter Beye Dieter Honisch

Caspar David Friedrich

Peter Krieger

Caspar David Friedrich, geboren am 5. September 1774 in Greifswald, war nur ein Jahr älter als der große englische Romantiker der Landschaft William Turner, dessen Werk von ähnlich umwälzender, bis ins 20. Jahrhundert fortwirkender Bedeutung und von vergleichbarer Singularität ist.

Der Weg Caspar David Friedrichs als Künstler wurde ein Weg selbstgewollter Einsamkeit, von wenigen Freunden begleitet, vom Publikum und der Kritik zwar zunächst erstaunt und beifällig, in späteren Jahren aber zunehmend gleichgültig, sogar mißfällig verfolgt. Und schon bald nach seinem Tod 1840 geriet der Künstler in Vergessenheit. Erst die Jahrhundert-Ausstellung der Berliner Nationalgalerie 1906 rückte ihn mit 36 Bildern wieder in das Licht öffentlicher Aufmerksamkeit.

Der Theoretiker der Jenaer Frühromantik Friedrich Schlegel hat in einem seiner frühen Fragmente das Wesen eines romantischen Künstlers wie folgt umschrieben: *„Nur derjenige kann ein Künstler sein, welcher eine eigene Religion, eine originelle Ansicht des Unendlichen hat.“*

Schlegels Freund Novalis trieb in einer Randbemerkung diesen Gedanken bis zum romantischen Paradox: *„Der Künstler ist durchaus irreligiös – daher kann er in Religion wie in Bronze arbeiten.“*[1])

In solchen Aussprüchen zweier Wortführer der literarischen Frühromantik wird der sich um 1800 vollziehende geistige Prozeß der Ablösung von konfessionellen Bindungen und Dogmen und der Übergang zu einer Kunst von befreiter persönlicher Religiosität schlaglichtartig beleuchtet. In diesem Spannungsfeld einer Befreiung von tradierten kirchlichen Lehrsätzen, der Überwindung des barocken Weltbildes und der Suche nach einem subjektiv durch das Empfinden des Einzelnen geprägten Weltverständnis standen die bedeutendsten romantischen Köpfe in Literatur, Philosophie, Kunst und Naturwissenschaft seit den neunziger Jahren des 18. Jahrhunderts. In dieses Spannungsfeld sollte auch Caspar David Friedrich geraten.

Sein Geburtsort, die unter schwedischer Herrschaft stehende kleine Univeristäts- und Hafenstadt Greifswald, vermochte dem jungen Künstler wenig geistige Nahrung zu bieten. Er wuchs auf in einem bürgerlich gesicherten Milieu – der Vater war Seifensieder. Doch sehr früh schon wurde seine Kindheit erschüttert durch eine Folge von Todesfällen. Die Mutter starb, als er 7 Jahre war, die Schwester ein Jahr darauf, und mit 13 mußte er erleben, wie der Bruder vor seinen Augen beim Eislaufen ertrank, nachdem dieser ihn gerade vor dem gleichen Geschick gerettet hatte. Solche Schicksalsschläge mußten seine Anlage zur Schwermut vertiefen. Melancholie und Einsamkeit wurden prägende Züge der Kunst Caspar David Friedrichs bis ins Alter. Der andere große Maler nordischer Küsten vom Ende des Jahrhunderts – Edvard Munch – bietet mit seiner von Todesfällen im Familienkreis verdüsterten Jugend eine eigentümliche Parallele.

Caspar David Friedrich empfing erste künstlerische Anregungen durch den Greifswalder Universitätszeichenlehrer und Architekten J. G. Quistorp. Tiefgreifender dürfte dagegen das Vorbild des Theologen und Dichters G. L. Kosegarten (1758–1818) auf den jungen Friedrich eingewirkt haben. Kosegartens revolutionäre Neuerung, Gottesdienste in seiner Pfarrei Altenkirchen auf Rügen außerhalb eines Kirchenraumes, am Meeresstrand, abzuhalten, hat den jungen Künstler gewiß beeindruckt und ihn in seiner Auffassung bestärkt, daß göttliches Wirken sich in der Natur offenbare. Auch erforschte Kosegarten die germanische Vorzeit Rügens, die er in seinen Dichtungen verherrlichte. Friedrichs späterhin so ausgeprägte Vorliebe für Hünengräber, Eichen und mythische Naturstimmungen hat dort sicherlich eine ihrer Wurzeln.

Von 1794 bis 1798 studierte Friedrich an der Kopenhagener Kunstakademie, die damals in Europa als die fortschrittlichste galt und an der auch Carstens, Runge, Dahl und Kersting ihre Ausbildung empfingen. Bei Christian August Lorentzen schulte Friedrich sich in der Landschaftsmalerei. Jens Juel konnte ihm mit seinen klar gegliederten Landschaften und der genauen Beobachtung von Licht und Atmosphäre, der Klassizist N. A. Abildgaard mit Themen aus der nordischen Mythologie Anregungen geben.

1798 siedelte Friedrich nach Dresden über, um dort für den Rest seines Lebens ansässig zu bleiben. Neben der freundlichen und abwechslungsreichen Umgebung der Stadt und der berühmten Gemäldegalerie mit ihren für Friedrich wichtigen niederländischen Malern des 17. Jahrhunderts, spielte sicherlich auch die Tatsache eine Rolle, daß an der dortigen Akademie das Landschaftsfach durch A. Zingg und J. Chr. Klengel in hohem Ansehen stand. Beide Maler wirkten auf Friedrichs Anfänge ein, obwohl er sich in Dresden nur noch autodidaktisch weiterbildete. Für die unter Künstlern seiner Generation so verbreitete Italienbegeisterung hatte er kein Verständnis. Späterhin äußerte er sich geringschätzig über die Bestrebungen der Nazarener in Rom um Overbeck, Pforr und Cornelius, deren Kunst er manieriert und unaufrichtig fand. Was ihm hingegen früh schon vorschwebte, war eine eigenständige nationale Landschaftsmalerei.

1801/02 hielt er sich in Neubrandenburg und in Greifswald auf, wo er Philipp Otto Runge begegnete. Für seine weitere Entwicklung waren Aufenthalte auf Rügen wichtig, denn dort zeichnete er intensiv die Landschaft, Grundlagen für Aquarelle und Gouachen, die ihm erste Anerkennung und auch Verkaufserfolge brachten. Auf Rügen fand er einige seiner großen Leitmotive: Küstenansichten, Meeresausblicke und Schiffe.

In dieser Zeit entstanden zwei für Friedrichs weitere Entwicklung und für den Wurzelgrund seiner Kunst höchst charakteristische Werke: *Melancholie* und *Die Frau mit dem Raben am Abgrund.* Diese symbolischen und allegorischen Gestalten inmitten der Natur, beide vom Bruder des Malers, Christian, in Holz geschnitten, schlugen erstmals jenen ganz persönlichen Ton an, der dann für das gesamte Lebenswerk Caspar David Friedrichs prägend werden sollte.

Philipp Otto Runge (1777–1810), der von 1801 bis 1803 gleichfalls in Dresden lebte, brachte Friedrich in Verbindung mit dem Kreis der Romantiker um Ludwig Tieck. Wie intensiv allerdings diese Kontakte mit den romantischen Literaten in Dresden gewesen sind, muß eine offene Frage bleiben, da keine Dokumente darüber existieren. Bei Friedrichs verschlossenem Wesen ist eher zu vermuten, daß sie nicht allzu vertraut und freundschaftlich gewesen sein dürften. Doch ist mit höchster Wahrscheinlichkeit anzunehmen, daß Caspar David Friedrich in dieser Zeit oder schon früher Hauptwerke der literarischen Frühromantik wie Wilhelm Heinrich Wackenroders *Herzensergießungen eines kunstliebenden Klosterbruders* (1796) und Ludwig Tiecks Künstlerroman *Franz Sternbalds Wanderungen* (1798) oder seine *Phantasien über Kunst* (1799) kennenlernte.

Vermutlich war er auch vertraut mit den Schriften des Novalis, des früh verstorbenen Freundes von Tieck, der seinen Nachlaß betreute. Seit 1798 hatte die berühmte Romantiker-Zeitschrift der Brüder Schlegel *Athenäum* Teile von Novalis' *Fragmenten* unter dem Titel *Blütenstaub* wie auch die *Hymnen an die Nacht* abgedruckt. Zur gleichen Zeit erschienen die ersten bedeutenden Schriften des Philosophen F. W. J. Schelling: *Ideen zur Philosophie der Natur* (1797) und *Von der Weltseele* (1798). Darin sprach er zum ersten Mal von der Identität zwischen dem Äußeren der Natur und dem Inneren des Geistes.

Novalis wiederum, von Schellings Ideen ausgehend, forderte: *„Die individuelle Seele soll mit der Weltenseele übereinstimmend werden."*

Es waren Dichter, Philosophen und Schriftsteller, die in den neunziger Jahren des 18. Jahrhunderts die entscheidenden Gedanken der neuen romantischen Bewegung formuliert hatten. Daraus sollte jedoch keine Abhängigkeit Caspar David Friedrichs gefolgert werden; vielmehr dürfte seine ganz persönliche Ausdrucksweise wie sein Weltempfinden durch die Berührung mit diesen geistigen Impulsen nur bestärkt worden sein. War dies doch eine Zeit des gemeinsamen romantischen *„Symphilosophierens"*, eine geistige Bewegung, die ihre Dynamik empfing von der hochgestimmten Erwartung, es sei nun die Zeit gekommen, die Kultur wie das gesamte menschliche Dasein zu erneuern; eine Bewegung der Geister, in der die religiösen Aspekte dominierten.

Liegen über die Kontakte Caspar David Friedrichs zu den Dresdener Romantikern um 1803 bis 1808 keine Dokumente vor, so weiß man doch seit kurzem, daß kein Geringerer als der Religionsphilosoph Friedrich Schleiermacher Anfang September 1810 auf einer Dienstreise den Maler in seinem Atelier besuchte. Anlaß war die erstmalige Teilnahme Friedrichs an der Berliner akademischen Kunstausstellung, für die Schleiermacher (dessen berühmte *Reden* schon 1799 erschienen waren) als Mitglied der Sektion für den öffentlichen Unterricht mit verantwortlich war.[2] Schleiermachers Erfahrung der *„Eigentümlichkeit"* - ein für die Romantik dann grundlegender Begriff - hat in Friedrichs Kunst ihre Parallele, wie Klaus Lankheit verdeutlicht hat.[3] Auch Friedrich erwähnt einmal den *Tempel der Eigentümlichkeit* und sagte: *„Jedem offenbart sich der Geist der Natur anders."* Noch schärfer formuliert er seine Überzeugung vom Recht des Individuums und von der Unvergleichbarkeit des Einzelnen: *„Keiner ist Maßstab für alle, jeder nur Maßstab für sich und für die mehr oder weniger ihm verwandten Gemüter."* Deutlicher ließ sich der Kontrast zu den Regeln des Weimarer Klassizismus und den Traditionen der Kunstakademien nicht ausdrücken. Aus einem verwandten Weltverständnis entstand bei den Generationsgenossen Schleiermacher und Caspar David Friedrich eine in wesentlichen Punkten identische Auffassung von Kunst und Religion. So bedeutete für Schleiermacher die Sehnsucht des endlichen Menschen nach der Unendlichkeit und das passive *„Anschauen des Universums"* das Grundelement aller Religionen. Ganz ähnlich verharren die Menschen auf Friedrichs Bildern passiv und ergriffen angesichts der Tiefe des sich vor ihnen öffnenden Raumes.

Der Vielfalt individuell gefärbter geistiger Impulse bei den Frühromantikern lag etwas Gemeinsames zugrunde, das Friedrich Schlegel einmal bezeichnete als das *„Phänomen aller Phänomene, daß die Menschheit mit aller Kraft darum ringt, wieder ihr Zentrum zu finden."* Das höchste Ziel erblickte man in einer Synthese auf allen Gebieten des Geistes und des Lebens. Nicht nur Kunst und Natur, auch Religion, Geschichte und Politik - sämtliche Daseinsbereiche sollten zur Einheit gebracht werden. So waren die in alle Sphären des Traumes wie der Realität ausgreifenden *Fragmente* des Novalis insgeheim nur Bruchstücke eines imaginierten universalen Buches, einer Enzyklopädie, von der auch Friedrich Schlegel träumte. In diesem enzyklopädischen Werk sollten sich alle Wissenschaften mit der Religion, der Kunst und dem Leben vereinen als Grundlage einer neuen Religion.[4]

Im Strahlungsfeld solcher umwälzenden Geistesprozesse und in engem Zusammenhang mit ihnen sollte das Werk eines Caspar David Friedrich gesehen werden. Seine Kunst, - über des frühverstorbenen Freundes Runge kühnes Fragment eines romantischen Weltentwurfs noch hinausgreifend, - öffnete der Malerei grundlegend neue Dimensionen, die erst Jahrzehnte nach seinem Tod recht begriffen werden sollten.

1805 sandte Caspar David Friedrich, von Goethe ermuntert, zwei Sepia-Landschaftsblätter nach Weimar, die die dortigen Kunstfreunde prämiierten. Im selben Jahr ließ sich der mit Friedrich befreundete Historienmaler Gerhard von Kügelgen in Dresden nieder. In seinem gastfreien Haus traf Friedrich, neben vielen anderen, auch den Naturphilosophen Gotthilf Heinrich von Schubert (1780–1860), der bei Schelling in Jena studiert hatte. Schubert veröffentlichte 1808 seine Dresdener Vorlesungen über *Tierischen Magnetismus, Hellsehen und Träume* unter dem Titel *Ansichten von der Nachtseite der Naturwissenschaften.* 1814 folgte *Die Symbolik des Traumes* und 1830 sein bekanntestes Werk, *Die Geschichte der Seele.* Seine Gedanken beeinflußten sowohl Kleist als auch E. T. A. Hoffmann. Mit Schubert, der zwei Jahre lang in Dresden lebte, scheint der Künstler einen vertrauten Umgang gepflogen zu haben. Schuberts Deutung des frühen Jahreszeiten-Zyklus von Friedrich gehört zu den wesentlichsten Aussagen aus dem engsten Umkreis des Künstlers.

Erst um 1807, als Friedrich schon 33 Jahre alt war, wagte er den Übergang von der Sepiatechnik zur Ölmalerei, die er freilich sehr bald souverän meisterte. Inzwischen war Dresden durch Ferdinand Hartmann, die 1805 eingetroffenen Brüder Riepenhausen und Ferdinand Olivier zu einem ersten Kristallisationspunkt romantischer Malerei geworden. Nach der Niederlage Preußens gegen Napoleon 1806 hatte sich in der Stadt auch ein Kreis vaterländisch gesinnter Männer gebildet um Heinrich von Kleist und Adam Heinrich Müller, den Staatstheoretiker, die kurze Zeit gemeinsam die Kunst- und Literaturzeitschrift *Phoebus* herausgaben; zu ihnen trat Friedrich gleichfalls in Verbindung.

Als 1809 der bekannte *Ramdohr-Streit* um den im Vorjahr entstandenen *Tetschener Altar* (Das Kreuz im Gebirge) entbrannte, durfte Caspar David Friedrich schon auf einige gleichgesinnte Freunde zählen, die sein Werk energisch verteidigten. Diese Kunst-Fehde besaß grundsätzliche Bedeutung, denn hier prallten der klassizistisch-konservative Standpunkt des Kammerherrn Basilius von Ramdohr und die neue romantische Weltsicht und revolutionäre Malweise eines Caspar David Friedrich zusammen. Zu Weihnachten 1808 war das umstrittene Altarblatt, gemalt auf Bestellung der Gräfin Thun-Hohenstein für die Hauskapelle ihres böhmischen Schlosses Tetschen, im Atelier Friedrichs ausgestellt und von vielen Kunstfreunden besichtigt worden. Ramdohr schrieb daraufhin in der angesehenen *Zeitschrift für die elegante Welt* als Verteidiger der Kunsttheorie des 18. Jahrhunderts und des Klassizismus, er argwöhne eine Tendenz, die dem Wesen der Malerei *„besonders der Landschaftsmalerei ihre eigentümlichen Vorzüge raubt".* Ramdohr meinte einen Geist zu fühlen *„der die unglückliche Brut der gegenwärtigen Zeit und das schauderhafte Vorgesicht der schnell heraneilenden Barbarei ist."* Erbost nannte er es *„eine wahre Anmaßung, wenn die Landschaftsmalerei sich in die Kirche schleichen und auf die Altäre kriechen will."*

Ramdohrs Kritik begnügte sich nicht mit der Ablehnung einer neuen Tendenz, sie betraf auch detailliert die Gestaltungsweise Friedrichs: er vermißte Linear- und Luftperspektive, bemängelte das silhouettenhaft Flache der Formen, die *„grellen"* Kontraste und den fehlenden Augpunkt. Damit analysierte er, wenngleich abfällig, tatsächlich einige der markantesten unkonventionellen Kompositionselemente Caspar David Friedrichs. So wurde der *Tetschener Altar* zum Schlüsselwerk der jungen romantischen Malerei und erregte durch öffentliche Diskussion ein Aufsehen, das der stille Künstler kaum beabsichtigt haben dürfte.

Bereits ein Jahr später, 1810 erzielte Friedrich dann mit zwei monumentalen Hauptwerken auf der Akademischen Berliner Kunstausstellung allerhöchste Anerkennung. *Der Mönch am Meer* und *Abtei im Eichwald,* die zuvor im Dresdener Atelier schon Goethe und Schleiermacher gesehen hatten, beeindruckten in Berlin die königliche Familie tief, so daß beide Bilder auf Anregung des fünfzehnjährigen Kronprinzen vom Königshaus erworben wurden.

Die Berliner Akademie sah sich nunmehr genötigt, den Künstler zu ihrem auswärtigen Mitglied zu ernennen.

In den beiden Schlüsselwerken erreichte Friedrich und mit ihm die Kunst der Romantik einen Höhepunkt, der ohne Vergleich blieb, sie bezeichnen eine Wende in der deutschen Malerei des frühen 19. Jahrhunderts. In diesen symbolischen Bildern artikulierte sich, für das Publikum ebenso überraschend wie verwirrend, eine Haltung des Individuums gegenüber dem All und dem Tod, wie sie bislang in solcher metaphorischen Kraft nicht existiert hatte. Weitgehende Reduktion der landschaftlichen Formen wie der Raumtiefe und der Farbwerte kennzeichneten diese kühnen Bildfindungen. Formsprache und Gehalt waren untrennbar miteinander verwoben. Das Empfinden einer jungen romantischen Generation, die Freiheit und Einsamkeit des Menschen, seine Grenzen, Gefährdungen und seine Hoffnungen schienen schlagartig und auf unvergleichlich souveräne Weise neu definiert zu sein. In einem Schwebezustand zwischen Tag und Nacht, Realität und Traum, Naturbild und Vision, auch im Fluktuieren zwischen kreatürlicher Angst und grenzenloser spiritueller Entrücktheit wurden sie Leitbilder für eine symbolische Kunstsprache, die eigentlich erst im 20. Jahrhundert breitere Würdigung und auch ihr tieferes Echo in der modernen Malerei finden sollten.

In der Spiegelung von sichtbarer Wirklichkeit immer auch zugleich eine Andeutung von Transzendenz zu geben, Überirdisches und Übersinnliches ahnen zu lassen, war das höchste Ziel frühromantischer Malerei eines Runge oder Caspar David Friedrich. In den Dichtungen von Wackenroder, Novalis und Tieck finden sich Parallelen, das Bestreben, die Transzendenz im irdischen Bereich aufscheinen zu lassen.

Darum haben die Landschaftsformationen wie die Figuren auf Friedrichs Bildern – obwohl oft einem strengen klassizistischen Kompositionsschema unterworfen – keine realistische Plastizität, sondern weisen in ihrer zum Flächenhaften tendierenden und vereinfachten Form auf etwas jenseits des Bildes liegendes hin, sind Zeichen. Es klingt fast wie eine Vorahnung dessen, was Caspar David Friedrich wenige Jahre später verwirklichen sollte, wenn Friedrich Schlegel 1803 in der Zeitschrift *Europa,* das Fehlen von Malern mit innigem, tiefem Gefühl beklagend, schrieb: *„Es wäre nicht zu verwundern, wenn die allgemeine Nachahmungssucht bei einem Talent, das sich fühlte, gerade den Wunsch absoluter Originalität hervorbrächte. Hätte nun ein solcher erst den richtigen Begriff von der Kunst wiedergefunden, daß die symbolische Bedeutung und Andeutung göttlicher Geheimnisse ihr eigentlicher Zweck, alles übrige aber nur Mittel, dienendes Glied und Buchstabe sei, so würde er vielleicht merkwürdige Werke ganz neuer Art hervorbringen; Hieroglyphen, wahrhafte Sinnbilder, aber mehr aus Naturgefühlen und Naturansichten oder Ahndungen willkürlich zusammengesetzte, als sich anschließend an die alte Weise der Vorwelt. Eine Hieroglyphe, ein göttliches Sinnbild soll jedes wahrhaft so zu nennende Gemälde sein . . .“*[5])

Eine Hieroglyphenschrift also, ein Vokabular „göttlicher Sinnbilder“ schuf sich Caspar David Friedrich mit seinen abgestorbenen Eichen, unnahbaren Gipfeln, einsamen steinigen Ufern und gotischen Ruinen. In dieser Hieroglyphenschrift der Natur nahmen Bestandteile der Realität, nach geistigen Prinzipien frei und zuweilen in verfremdender Art neu in Beziehung gesetzt, eine gesteigerte Ausdruckskraft an. Indem sie so, durchdrungen von der konzentriertesten Empfindung dessen, der sie schuf, über das naturalistische Abbild hinauswachsend, symbolisch wirksam wurden, berührten sie den Betrachter mit der geheimnisvollen Macht von Gleichnissen. Dies entsprach einer der wesentlichsten Forderungen Friedrichs an den Künstler: *„Schließe dein leibliches Auge, damit du mit dem geistigen Auge zuerst siehest dein Bild. Dann fördere zutage, was du im Dunkeln gesehen, daß es zurückwirke auf andere von außen nach innen.“*[6])

Nach der romantischen Naturphilosophie, die in Schellings Denken ihre reifste Prägung fand, vermag der Mensch vom Göttlichen in der sichtbaren Natur nur soviel zu erfahren, als in seinem eigenen Inneren vorhanden ist. Denn die Seele ist Abbild der Weltseele, der Mensch trägt in sich einen Mikrokosmos, Spiegel des Makrokosmos.

Das Hereinbrechen der Transzendenz in die Immanenz geschieht bei Friedrich häufig mittels des Lichtes. Lichtphänomene, die mit einer von außen inszenierten Beleuchtung nichts gemein haben – Regenbogen, heraufdämmerndes Morgenlicht, Sonnenuntergang und Mondaufgang oder das winzige Feuerchen schiffbrüchiger Seeleute, tragen bei zur *„Entwirklichung“* der Szenerie. Die mystische Bedeutung des Lichtes war der Romantik über Plotin und die mittelalterlichen Mystiker, besonders aber durch Jakob Böhme vermittelt worden[7]), Schelling stellte das Licht in klaren Gegensatz zur Materie und nannte es eine *„alle Realität in sich auflösende Idealität“.*[8])

In Friedrichs Bildern bedeutet das Licht Verheißung aus einer transzendenten Sphäre, Hoffnung oder aber, in der stillen Betrachtung des Mondlichtes, schlichte Besänftigung der Seele, Tröstung, wie allgemein in Poesie und Malerei der Romantik.

Aus dem Widerspruch zur banalen Wirklichkeit, aus dem Leiden an den Wirren und Ungerechtigkeiten seiner Epoche entstand bei Caspar David Friedrich – wie bei den meisten Frühromantikern – jene mächtige Sehnsucht nach einer idealen Welt, nach Befreiung von irdischen Fesseln. Prädestiniert durch seinen grüblerischen, melancholischen Charakter zur Einsamkeit, wurde diese für ihn noch verschärft durch seine Isolation als frei schaffender Maler ohne Auftraggeber, Mäzene oder Lehramt, eine gesellschaftliche Stellung des Künstlers, die erst nach der französischen Revolution sich herausbildete und eine ständig gefährdete Existenz zur Folge hatte.

Die im gesamten Werk Friedrichs spürbare Allgegenwart des Todes, der sich in wechselnden Zeichen, meist nur andeutungsweise, als absterbender Baum, unzugängliches Bergland, nächtiges Meer, Ruine oder leere Schneelandschaft kundgibt, ist zwar gesättigt von Schwermut, Verzicht und Trauer, doch ist sie niemals hoffnungslos. Macht und Rätsel des Todes, Faszination für viele romantische Geister (Jean Paul, Novalis, Kleist), waren ihm nicht destruktiv und lähmend, vielmehr Verheißung des Überganges in ein höheres, befreites Dasein.

„Um ewig einst zu leben, muß man sich oft dem Tod ergeben“, schrieb der Künstler. In der verschlüsselten Sprache vieler Bilder finden sich genügend Hinweise darauf, mit welcher poetischen Intensität und Bildkraft er solche Grenzgänge zu meistern wußte.

1810 und 1811 unternahm Friedrich, mit Freunden wie dem Maler Friedrich Georg Kersting und dem Bildhauer Gottlieb Christian Kühn, Wanderungen im Riesengebirge und im Harz, von denen er viele Skizzen heimbrachte, die ihm bis ins Alter Material für große Bildthemen liefern sollten.

Starke Beachtung fand er nochmals auf der Patriotischen Kunstausstellung, nach der Befreiung Dresdens von französischer Besetzung 1814, mit vaterländischen Themen wie dem *Grab des Arminius* und dem *Chasseur im Walde*. 1816 wählte man ihn zum Mitglied der Dresdener Akademie, womit ein Jahresgehalt von 150 Talern verbunden war. Doch weder jetzt noch 1824, als Klengel, der das Landschaftsfach an der Akademie lehrte, starb, erhielt er ein Lehramt, wenn auch eine Erhöhung des Gehaltes auf 200 Taler. Nicht nur sein eigenwilliger Charakter und seine so gänzlich unakademische Art dürften dabei eine Rolle gespielt haben, sondern mehr noch die Tatsache, daß er sich offen zu den liberalen Reformen eines Freiherrn vom Stein oder Ernst Moritz Arndt bekannt hatte. Wie verhaßt ihm die nach den Karlsbader Beschlüssen von 1819 eingeführte Zensur und die sogenannte *„Demagogenverfolgung“* waren, verhehlte er nicht.

Nachdem seine Kunst eine kritische Phase durchlaufen hatte, gab ihm die Heirat mit Caroline Bommer 1818 neuen Auftrieb. Drei Kinder gingen aus der Ehe hervor. 1820 bezog die Familie eine größere Wohnung in dem Haus *An der Elbe 33*, wo 1823 auch der norwegische Maler Johan Christian Clausen Dahl einzog, mit dem Friedrich zeitlebens freundschaftlich verbunden blieb.

Seit 1817 stand ihm bereits der Arzt und Naturforscher Carl Gustav Carus (1789–1869) nahe, der als Dilettant in der Malerei wesentliches von ihm lernte. Die *Neun Briefe über Landschaftsmalerei* von Carus, verfaßt bis 1824, spiegeln jedoch nur am Anfang die romantische Auffassung Friedrichs wieder. Vom 6. Brief ab rückt die Forderung einer wissenschaftlichen Landschaftswiedergabe, das *Erdlebenbild*, in den Vordergrund, die auf Goethe zurückgeht. Nun wurde die Bedeutung des poetischen Gefühls und die romantische Lehre vom hieroglyphischen Charakter der Naturobjekte von Carus fallen gelassen.

Anfang der zwanziger Jahre entstanden weitere Hauptwerke Caspar David Friedrichs wie die beiden Gegenstücke *Der einsame Baum* und *Mondaufgang am Meer*, die der Berliner Konsul

Wagener in Auftrag gab für seine Sammlung zeitgenössischer Gemälde, die er später, 1861, als Grundstock der neubegründeten Nationalgalerie stiften sollte.
Unter den vielen Besuchern von Friedrichs Atelier in jener Zeit befanden sich neben anderen auch der Großfürst Nikolaus von Rußland (später Zar Nikolaus I), der russische Dichter W. A. Shukowski, der Nazarener-Maler Peter Cornelius und der Dichter Friedrich de la Motte-Fouqué, der Sonette zu Bildern Caspar David Friedrichs verfaßte. Doch wandte sich das Interesse von Kritik und Publikum in jenen Jahren mehr und mehr von der Produktion Friedrichs ab, den man nun als *„monoton“*, schwermütig und in Wiederholungen befangen übergehen zu dürfen meinte. Aufschlußreich dafür ist ein Ateliergespräch, das Friedrich de la Motte-Fouqué 1822 mit dem Maler führte.

„Finden Sie mich denn auch so einförmig?“ fragte Caspar David Friedrich, *„man sagt, ich könne durchaus nichts machen als Mondschein, Abendrot, Morgenrot, Meer und Meeresstrand, Schneelandschaften, Kirchhöfe, wüste Heiden, Waldströme, Klippentäler und ähnliches. Was meinen Sie dazu?“* Fouqué erwiderte: *„Ich meine, daß man unermeßlich vieles in dergleichen Gegenständen malt, wenn man denkt und malt wie Sie.“*[9])

Ende 1825 erkrankte Friedrich schwer. Anschließend reiste er im Sommer 1826 zur Erholung nach Rügen. 1828 begab er sich, vermutlich zur Kur, nach Teplitz in Böhmen. Wenn die in jener Lebensphase, etwa um 1830, verfaßten *Äußerungen bei Betrachtung einer Sammlung von Gemälden* zuweilen durch einen schroffen und sarkastischen Ton gefärbt sind, so ist dies nicht zuletzt der zunehmenden Vereinsamung des Künstlers, der sich immer mehr mißverstanden fühlte, zuzuschreiben. Auch mag sein sich ständig verschlechternder Gesundheitszustand zu einer wachsenden Resignation beigetragen haben.

Obwohl der Sächsische Kunstverein, oft von Carus ermuntert, bis in die dreißiger Jahre wiederholt Gemälde und Zeichnungen erwarb und Shukowski als Vertrauter des Zaren Bilder für Rußland kaufte, konnte das die durch Friedrichs Leiden verschärfte finanzielle Not der Familie nur vorübergehend bessern. Der Künstler verfiel zunehmend einer Verdüsterung seines Gemütes, die ihn, wie Carus berichtete, mißtrauisch und ungerecht gegen seine Familie werden ließ. Ein Schlaganfall lähmte ihn 1835 auf der rechten Seite. Eine anschließende Kur in Teplitz stärkte ihn vorübergehend soweit, daß er wieder zeichnen, sogar malen konnte. Noch bis 1838 waren auf der jährlichen Dresdener Kunstausstellung Sepiablätter, Zeichnungen und Aquarelle von Friedrich zu sehen.

Schließlich lähmte ihn ein zweiter Schlaganfall 1837 fast vollständig. Es folgten drei Jahre der Umnachtung und des Siechtums, bis er am 7. Mai 1840 im Alter von 66 Jahren von seinen Leiden durch den Tod erlöst wurde. Man begrub ihn auf dem Dresdener Trinitätsfriedhof.

Bereits ein Jahr vor dem Tod des Freundes hatte Carus resignierend in einem Brief vermerkt, daß die Kunstsprache Caspar David Friedrichs und anderer romantischer Künstler *„jetzt schon so ganz untergegangen oder durch die neu aufgehenden hier sich fixierenden Zweige der Düsseldorfer Schule weit zurückgedrängt ist."*[10])

Mehr als ein halbes Jahrhundert sollte vergehen, bevor die Öffentlichkeit den wahren Rang Caspar David Friedrichs allmählich zu erkennen begann.

Anmerkungen

1.
Zitiert nach Klaus Lankheit: Die Frühromantik und die Grundlagen der gegenstandslosen Malerei, in: Neue Heidelberger Jahrbücher 1950, S. 87

2.
Karl-Ludwig Hoch: Friedrich Schleiermacher und Caspar David Friedrich, in: Deutsches Pfarrerblatt 4, 1984, S. 167 ff.

3.
Klaus Lankheit: Caspar David Friedrich und der Neuprotestantismus, in: Deutsche Vierteljahresschrift für Literaturwissenschaft und Geistesgeschichte, 24. Jg., 1950, S. 129 ff.

4.
Vgl. Wilhelm Emrich: Der Universalismus der deutschen Romantik, in: Akademie der Wissenschaften und der Literatur, Abhandlungen der Literatur, Jg. 1964, Nr. 1, S. 10

5.
Friedrich Schlegel: Dritter Nachtrag alter Gemälde, in: Europa 1803, II, 2., S. 142 ff.

6.
Sigrid Hinz: C. D. Friedrich in Briefen und Bekenntnissen, München 1968, S. 92

7.
Vgl. Alina Dobrzecki: Die Bedeutung des Traumes für C. D. Friedrich, Diss. Gießen 1982, S. 197 ff.

8.
Friedrich Wilhelm Joseph von Schelling: Philosophie der Kunst, Sämtl. Werke, Bd. 5, Stuttgart und Augsburg 1859, S. 379

9.
A. Schmidt: Fouqué und einige seiner Zeitgenossen, Darmstadt 1958, S. 301 f.

10.
Carl Gustav Carus: Lebenserinnerungen und Denkwürdigkeiten, Weimar 1966, Bd. II, S. 66

Zeitgenössische Dokumente

Diese wahrhaft wunderbare Natur hat mich heftig ergriffen, wenn mir gleich vieles in seinem Wesen dunkel geblieben ist. Jene religiöse Stimmung und Aufreizung, die seit kurzem unsere deutsche Welt wieder auf eigentümliche Weise zu beleben scheint, eine feierliche Wehmut sucht er feinsinnig in landschaftlichen Vorwürfen auszudrücken und anzudeuten. Dieses Bestreben findet viele Freunde und Bewunderer und, was noch mehr zu begreifen ist, viele Gegner. Historie und mehr noch viele Kirchenbilder haben sich wie oft ganz in Symbolik oder Allegorie aufgelöst, und die Landschaft scheint mehr dazu gemacht, ein sinnendes Träumen, ein Wohlbehagen oder Freude an der nachgeahmten Wirklichkeit, an die sich von selbst ein anmutiges Sehnen und Phantasieren knüpft, hervorzurufen. Friedrich strebt dagegen mehr, ein bestimmtes Gefühl, eine wirkliche Anschauung und in dieser festgestellte Gedanken und Begriffe zu erzeugen, die mit jener Wehmut und Feierlichkeit aufgehen und eins werden. So versucht er also, in Licht und Schatten belebte und erstorbene Natur, Schnee und Wasser und ebenso in der Staffage Allegorie und Symbolik einzuführen, ja gewissermaßen die Landschaft, die uns immer, als ein so unbestimmter Vorwurf, als Traum und Willkür erschien, über Geschichte und Legende durch die bestimmte Deutlichkeit der Begriffe und der Absichtlichkeit in der Phantasie zu erheben. Dies Streben ist neu, und es ist zu verwundern, wieviel er mehr als einmal mit wenigen Mitteln erreicht hat.

Ludwig Tieck
19. Juni 1803 („Eine Sommerreise“, 1834)

Ich gehöre nicht zu den Leuten, die sich ein Genre mehr zu eigen machen als das andere; ich sehe mit größtem Interesse auch die Landschaften, die meine Seele in anmutige Gegenden tragen, sanfte Szenen der Natur, gestehe aber, daß ich die Kunst bevorzuge, die mich zum Denken anstößt, die philosophische Kunst. Friedrich stellt auch solche naiven Ansichten dar, aber er hat im Herzen noch eine Nahrungsquelle; er poetisiert alles, was er anrührt. Er stellt in seine Landschaften keine Figuren. Was hätte der Mensch diesen wunderbaren Szenen hinzuzufügen, er, der nur der Widerschein der Natur ist, er, der sie so oft entzaubert durch seine Launen oder zum Zweck des Nutzens, indem er kalt Kanäle zieht, wo ein schöner Fluß war, der die Berge sich unterordnet, der die edle und erhabene Natur in seinen englischen Gärten nachäfft? Für den, der es begreifen will, ist er, der Mensch, eine ziemliche Tragödie. In den großen Naturszenen ist er bloß Zusatz, seine Rolle ist nur noch bedeutend, wenn er ganz allein ein Trauerspiel aufführt. Im Mond sind viele Tränen und in den Unwettern viele Rufe der Verzweiflung und des Schmerzes. Ein Friedhof ist der Tränenkrug des Menschengeschlechts.

David d’Angers
Tagebuchnotiz von einem Besuch in Friedrichs Atelier, 1834
Souvenirs de David d’Angers sur ses contemporains.
Extraits de ses carnets de notes (Hrsg. L. Cerf) Paris 1928

Jetzt mein Freund führe ich sie zum Landschaftsmaler Friedrich. Sie wissen, auf wie verschiedene Weise seine Arbeiten als eine neue Erscheinung im Gebiete der Kunst beurteilt werden. Gern räume ich die Nothwendigkeit bestimmter Regeln ein, dem Künstler wie dem Kunstrichter heilig, denn ohne sie versänke alles wieder in wildes, zweckloses Streben, sie sind unentbehrlich, wie jeder grade Weg zum Ziele. Wenn aber ein einzelner, getrieben von seinem Genius, diesen Weg verläßt und sich einen neuen, sey es auch gefährlichen Fußweg bahnet, so kann man, glaube ich, wohl seinem Beginnen zusehen, ohne ihn mit Steinwürfen hindern zu wollen, und es abwarten, ob er nicht auch am Ende ans Ziel komme...

Friedrichs Arbeiten unterscheiden sich besonders durch die Wahl der Gegenstände auffallend von denen aller andern Landschaftsmaler. Die Luft, die er aber meisterhaft zu behandeln weiß, nimmt bei den meisten seiner Gemälde weit über die Hälfte des Raumes ein, und oft fehlen die Mittel- und Hintergründe ganz, weil er Gegenstände wählt, bei welchem keine darzustellen sind. Er malt gern unabsehbare Flächen. Der Natur getreu bis zu den kleinsten Zügen, hat er es auch im Technischen der Kunst zu einem großen Grade von Vollkommenheit gebracht, sowohl in seinen Oelgemälden, als in seinen Sepiazeichnungen. Seine Landschaften haben einen schwermüthigen, geheimnisvollen religiösen Sinn. Sie ergreifen das Gemüth mehr als das Auge.

Johanna Schopenhauer
Über Gerhard von Kügelgen und Friedrich in Dresden
Zwei Briefe, mitgetheilt von einer Kunstfreundin
Journal des Luxus und der Moden 1810

Friedrich wurde von seiner Zeit nicht recht verstanden oder doch nur von sehr wenigen. Die meisten sahen bei ihm nur einen unnatürlich gesuchten Mystizismus. Aber das trifft nicht zu. War seine Vortragsweise auch oft etwas steif, so lagen darin doch die Grundzüge einer großen Naturtreue und feinen Beobachtung, getragen von einer Einfachheit in der Auffassung, die oft ans Peinliche oder Leere grenzt. Und nicht selten scheint Friedrich die Grenze zwischen Malkunst und Dichtkunst überschritten zu haben. In seinen Meinungen und Bedürfnissen duldete er keine, scheute er vielmehr all jene Überladungen, die jetzt die Welt erdrücken. Darum trat er in diesen Dingen gewissermaßen als Opposition auf, ging auch, wie mir scheint, in jeder Hinsicht zu weit.
C. D. Friedrich ist keineswegs ein Liebling des Glücks gewesen, und es erging ihm, wie es oft den tiefsten Naturen in ihrem Leben ergeht, sie werden von wenigen richtig verstanden und von den meisten falsch. Die Zeit sah in seinen Bildern konstruierte Ideen ohne Naturwahrheit. Darum kauften viele seine Bilder nur mehr als Kuriositäten oder weil sie, vornehmlich während der Zeit der Freiheitskriege, eine eigene, ich möchte sagen politisch prophetische Deutung darin suchten und fanden, Hinweise auf eine allmächtige, unsichtbare Hand, die in die verworrenen Geschicke der Menschen und die Befreiung Deutschlands vom Druck des fremden Joches eingreift. Künstler und Kunstkenner sahen in Friedrich nur eine Art Mystiker, weil sie selber nur das Mystische suchten.. sie sahen nicht Friedrichs treues und gewissenhaftes Naturstudium in allem, was er darstellte; denn Friedrich wußte und fühlte recht wohl, daß man nicht die Natur selber malt oder malen kann, sondern die eignen Empfindungen – die jedoch müssen natürlich sein. Friedrich sah es auf eine tragische Weise, die zwar nicht gerade gesucht, allein übertrieben in bezug auf dasjenige war, was in der Malerei dargestellt werden kann.

Johan Christian Clausen Dahl
Nach 1840

Heute abend haben wir den Maler Friedrich besucht. Er selbst öffnete uns die Tür. Er ist groß und hager. Seine Augen, von dichten Brauen überschattet, sind tief umrändert. Er hat uns in sein Atelier geführt: Ein kleiner Tisch, ein Bett, das eher einer Totenbahre gleicht, eine leere Staffelei – das ist alles. Die grünlich getünchten Wände des Raumes sind völlig nackt und schmucklos; vergebens sucht das Auge nach einem Bild oder einer Zeichnung. Erst nach langem Bitten kramt uns Friedrich einige Werke hervor, unter anderen ein Bild, das einen Baum darstellt. Er trägt keinerlei Laub; auf einem seiner Zweige hockt eine Eule, und das diffuse Licht des Mondes erhellt den Hintergrund. Kein Erdreich, in dem der Baum verwurzelt sein könnte. Eine Wirkung, die an Träumerei grenzt. Wir haben schließlich eine ganze Anzahl seiner Zeichnungen kennengelernt. Niemals sind sie figürlich belebt. Das Interesse des Malers beschränkt sich völlig auf die Wahl der Landschaft, auf die Gesamtwirkung. Friedrichs Begabung liegt in der Einfachheit seines Empfindes.
Man bemerkt in Friedrichs Physiognomie häufig jenen meditativen Ausdruck, der sich immer bei den mit großen Gedanken befaßten Menschen findet. Auf seinem Gesicht liegt ein Ausdruck der Schwermut, des Wohlwollens und der Schüchternheit. Man sieht, daß seine Willensstärke seine Leidenschaften beherrscht, die sehr heftig gewesen sein müssen. Er ist für Einflüsse leicht empfänglich: als ich ihn bat, seinen Namen unten auf eine Zeichnung zu setzen, die er mir gegeben hatte und die eine Grube darstellt, an deren Rand der Totengräber seinen Spaten abgestellt hat, auf dem eine Eule sitzt, und wo der Mond diese Grabesszene beleuchtet, fiel ihm ein wenig Tinte darauf. Ich sah, daß seine erste Regung war, das Blatt zu zerreißen; doch tat er nichts dergleichen, da ich ihm versicherte, man könne den Fleck für einen Vogel halten. Er lächelte, mit dem kindlichen Ausdruck, den man nur bei den bedeutenden Männern Deutschlands findet.

David d'Angers
7. November 1834

Katalog

Hans Gerhard Hannesen

Georg Friedrich Kersting

Caspar David Friedrich in seinem Atelier um 1812

Öl auf Leinwand, 51 x 40 cm
Bez. unten links über dem Fußboden; G. Kersting 1812 (?)
Erworben: 1906
Inv.-Nr. NG 939

Mehrfach hat Kersting seinen elf Jahre älteren Malerfreund Caspar David Friedrich porträtiert, wobei er die wohl erste Darstellung (Hamburger Kunsthalle), die Friedrich in seinem Atelier vor der Staffelei sitzend und malend zeigt, in einer Replik (Kunsthalle Mannheim) wiederholte.

Das zweite Porträt Friedrichs, das Berliner Bild, wohl um 1812 (die Signatur ist nicht eindeutig zu lesen), stellt den Maler ebenfalls in seinem Atelier in der Dresdener Vorstadt Pirna, *An der Elbe 26,* dar. Er steht in der Ecke seines Raumes, auf die Lehne eines Stuhles gestützt und blickt auf ein Bild, das, für den Betrachter unsichtbar, auf der abgewandten Staffelei steht; im Gegensatz zum Hamburger Bildnis, das die in Arbeit befindliche Landschaft erkennen läßt. Auch von dem ohnehin kargen Raum ist durch einen engeren Ausschnitt noch weniger sichtbar; das Bild wirkt in seinem Aufbau konzentrierter. Nur die nötigsten Malutensilien umgeben den Künstler. Keine die Phantasie stimulierenden Objekte beleben den Raum. Neben zwei Paletten hängen nur ein Lineal und ein Dreieck an der Wand, geometrische Geräte, die auf die genau berechnete Konstruktion Friedrichscher Landschaft hinweisen. Eines der beiden Fenster ist durch Läden geschlossen, durch das andere, dessen unterer Teil ebenfalls geschlossen ist, fällt Licht in den Raum und auf die Staffelei. Holzläden dieser Art finden sich auch in Friedrichs späterem Atelier nach seinem Umzug 1820 in das Haus *An der Elbe 33.* Man findet sie in seinem Gemälde *Frau am Fenster* von 1822. Der Himmel mit seinen Wolken, dem Friedrich in vielen Werken eine so große, auch inhaltliche Bedeutung gegeben hat, ist das Einzige, was von der Außenwelt sichtbar bleibt. In diesem Raum entstehen Landschaften, in denen sich visionäres Sehen in strenger Konzentration in Formen der Natur ausdrückt.

Daß die Darstellung des Ateliers, die hier so sehr zur Interpretation der Persönlichkeit des Porträtierten gehört, weitgehend der Wirklichkeit entspricht, geht aus der Beschreibung von Wilhelm von Kügelgen, dem Sohn von Friedrichs Jugendfreund Gerhard von Kügelgen, hervor, der in seinen *Jugenderinnerungen eines alten Mannes*, 1870, berichtet: *„Friedrichs Atelier... war von so absoluter Leerheit, daß Jean Paul es dem ausgeweideten Leichnam eines toten Fürsten hätte vergleichen können. Es fand sich nichts darin als die Staffelei, ein Stuhl und ein Tisch, über welchem als einziger Wandschmuck eine einsame Reißschiene hing, von der niemand begreifen konnte, wie sie zu der Ehre kam. Sogar der so wohl berechtigte Malkasten nebst Ölfläschchen und Farbenlappen war ins Nebenzimmer verwiesen, denn Friedrich war der Meinung, daß alle äußeren Gegenstände die Bilderwelt im Innern stören."*

Literatur:

A. Aubert 1915, Tafel 1
G. Vriesen, Die Innenraumbilder Kerstings, Berlin 1935, Taf. 8
W. Schmied 1975, S. 50, Farbt. S. 51
Kat. NG 1976, S. 192

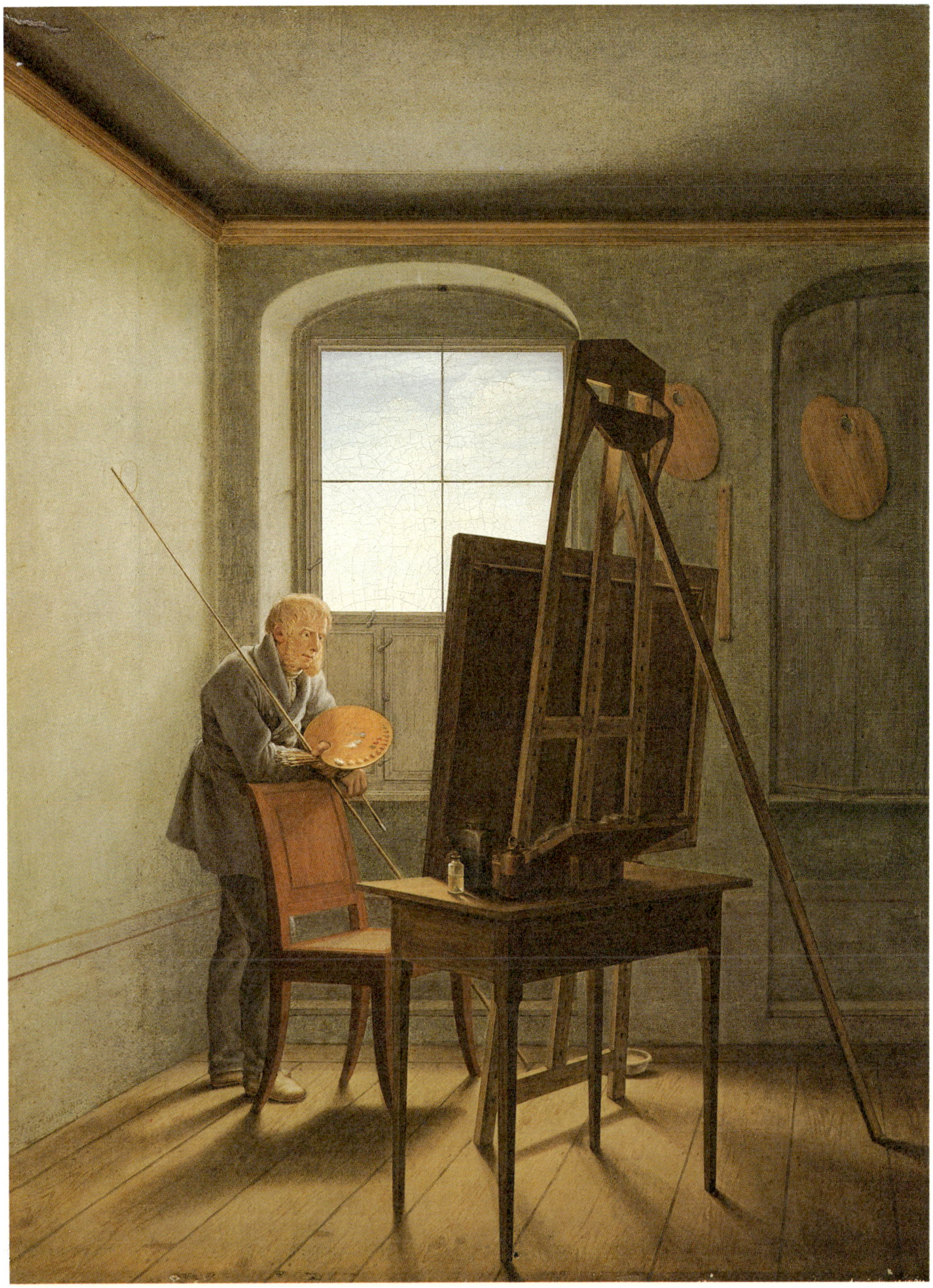

Der Mönch am Meer 1808-10

Öl auf Leinwand, 110 x 171,5 cm
Erworben: durch König Friedrich Wilhelm III 1810
Inv.-Nr. NG 9/85
(früher Verwaltung der Staatl. Schlösser u. Gärten, Schloß Charlottenburg, GK I 1810)

Ungefähr zwei Jahre, seit 1808, arbeitete Friedrich an dem Bild, das dann als Gegenstück zur *Abtei im Eichwald* verspätet auf die Berliner Akademie-Ausstellung von 1810 gegeben wurde (siehe dort).

Gegen einen schmalen, sandigen Küstenstreifen mit der einsamen Gestalt eines Mönches, brandet das Meer, über dem sich, vier Fünftel der Bildhöhe einnehmend, eine zerfetzte, oben ins Blau sich öffnende Wolkenwand ausbreitet. Die gerade Horizontlinie wird durch nichts unterbrochen; nur einige Möwen umflattern den Mönch. W. Hofmann schreibt zu dem Werk (Kat. Hamburg 1974, S. 31), indem er es von Küstenlandschaften des 18. Jh. und früheren Arbeiten Friedrichs absetzt: *„Ein radikaler Bruch mit dieser Bildtradition zeichnet sich in dem 1810 vollendeten Mönch am Meer ab. Der Blick des Betrachters ist hier im rechten Winkel zum Ufer auf den Meereshorizont gerichtet."* – Durch die Berichte, die von Besuchern von Friedrichs Atelier überliefert sind, wird deutlich, wie sehr der Künstler während des Schaffensprozesses die Darstellung immer mehr auf das wesentliche reduziert hat. Am Himmel verschwinden der Mond und der Morgenstern, auf dem Meer werden zwei Segelschiffe übermalt. Um die Vereinfachung muß er gerungen haben, denn niemals hat er wieder ein so radikales Bild geschaffen. Doch nur wenige Zeitgenossen haben die Bedeutung des Werkes verstanden. Heinrich von Kleist trat in einer oft zitierten Abhandlung zu dem Gemälde (Berliner Abendblätter, 13. 10. 1810, S. 47/48), indem er einen ironisch gehaltenen Aufsatz Clemens Brentanos und Achim von Arnims überarbeitete, entschieden für den Künstler ein, als er schrieb: *„Herrlich ist es, in einer unendlichen Einsamkeit am Meeresufer, unter trübem Himmel, auf eine unbegrenzte Wasserwüste hinauszuschauen. Dazu gehört gleichwohl, daß man dahingegangen sei, daß man zurück muß, daß man hinüber möchte, daß man es nicht kann, daß man alles zum Leben vermißt und die Stimme des Lebens dennoch ... vernimmt. ... und so ward ich selbst der Kapuziner, ... Nichts kann trauriger und unbehaglicher sein, als diese Stellung in der Welt: der einzige Lebensfunke im weiten Reiche des Todes, der einsame Mittelpunkt im einsamen Kreis. Das Bild liegt mit seinen zwei oder drei geheimnisvollen Gegenständen wie die Apokalypse da, als ob es Youngs Nachtgedanken hätte, und da es, in seiner Einförmigkeit und Uferlosigkeit, nichts als den Rahmen zum Vordergrund hat, so ist es, wenn man es betrachtet, als ob einem die Augenlider weggeschnitten wären ..."* – W. Hofmann (a.a.O., S. 30) sieht zu dem Inhalt des Bildes bereits in der zweiten Hälfte des 18. Jh. Vorläufer, als in Dichtung und Philosophie *„Natur nicht als Existenzbedrohung, sondern als ein bis an die äußerste Grenze getriebener ästhetischer Reiz* (gesehen wird), *in dem der sich winzig fühlende Mensch ihre alles übertreffende Größe und Gewalt mit religiöser Ehrfurcht als Unendlichkeit und Erhabenheit erlebt".* – Der Begriff der Unendlichkeit, in der die Göttlichkeit erfahrbar ist, wird dann zum Leitstern der frühen Romantik und auch Friedrich selbst spricht vom Göttlichen, Unendlichen als dem Ziel des Menschen (C. D. F. in Briefen und Bekenntnissen, Hrsg. S. Hinz, Berlin 1968, S. 83). Doch eine Übertragung des Begriffes ins Bild, die mit allen traditionellen Sehgewohnheiten bricht, war in dieser Kompromißlosigkeit auch von Friedrich nur einmal zu leisten. Denn ohne Mond und Boote ist nichts mehr geblieben, das die Gedanken des einsamen Mönchs am Ufer ablenken könnte von der Unendlichkeit von Zeit und Raum, die ihn umgibt, der er ohnmächtig ausgeliefert ist. Mit ihm müssen wir uns identifizieren, wie es Kleist schon empfunden hat. Durch ihn erschließt

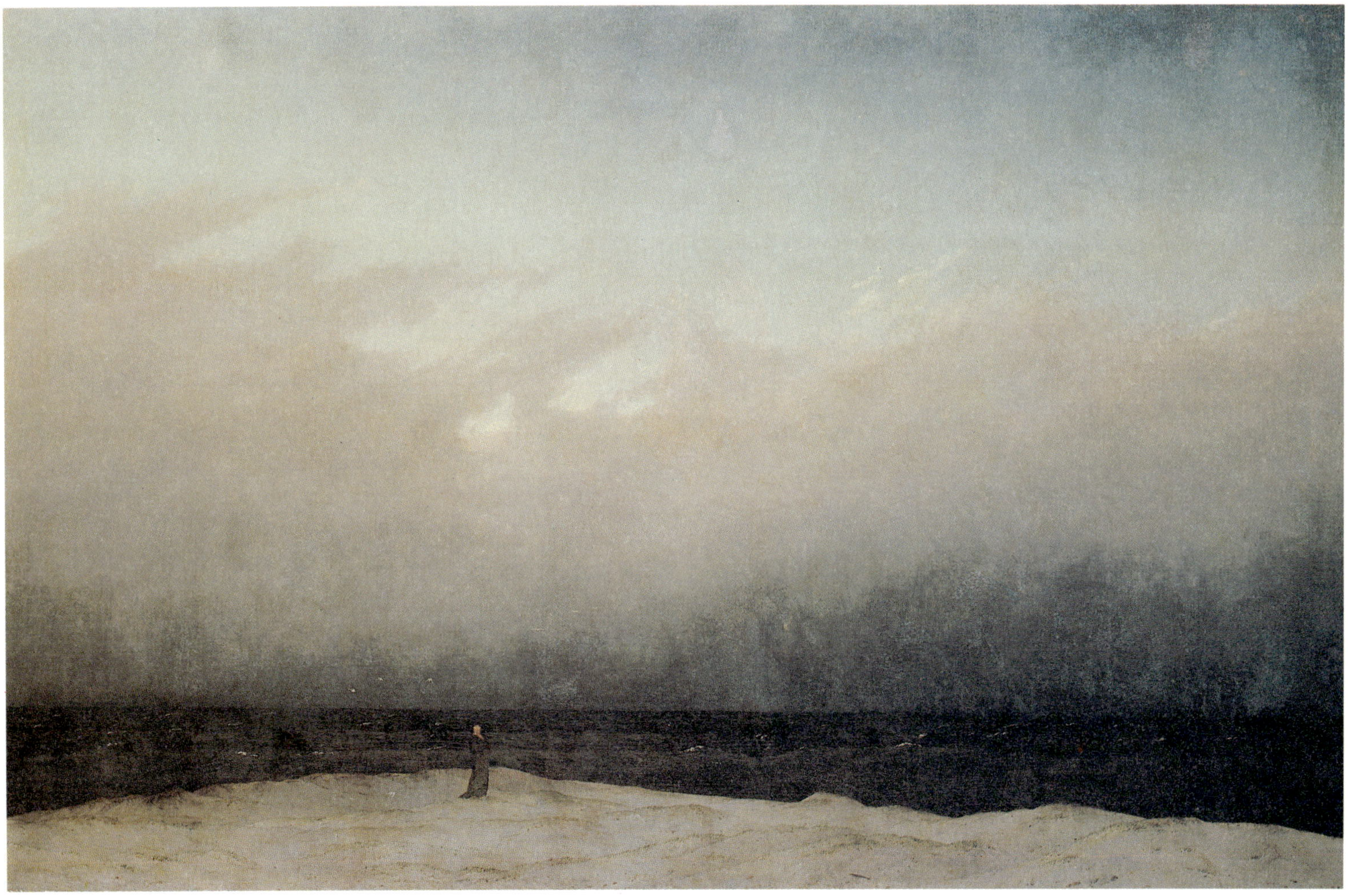

sich erst das Bild. Mit ihm und durch ihn sind wir der Landschaft konfrontiert, werden wir die Größenverhältnisse als gewaltig erfassen und können dem Erhabenen des Eindrucks nicht in die Betrachtung eines weiteren Sujets entfliehen. Nichts verbindet diesen Menschen mehr mit traditionellen Rückenfiguren, die der Landschaft organisch integriert waren. Er ist in tiefer Einsamkeit dargestellt und mit der rechten Hand am Kinn scheint er nachzudenken und das aus der Reflexion der Landschaft heraus in der Seele Empfundene wieder in die Lanschaft zu projizieren und sich eins mit der Ewigkeit zu wissen. In Sinne Schleiermachers, der in der Sehnsucht des Menschen nach der Unendlichkeit die Grundlage aller Religionen sah, hat das Bild einen religiösen Gehalt. (Erst seit kurzem weiß man, daß Friedrich Schleiermacher den Maler am 12. 9. 1810, also kurz vor Vollendung von *Mönch am Meer* und *Abtei im Eichwald* im Dresdener Atelier besucht hat. Schleiermacher war seit Juni dieses Jahres Mitglied der Sektion für den öffentlichen Unterricht im Berliner Innenministerium, die auch zuständig war für die Berliner Akademie-Ausstellungen. [Vgl. Karl-Ludwig Hoch, Friedrich Schleiermacher und Caspar David Friedrich, in: Deutsches Pfarrerblatt, 4, 1984, S. 167 ff.] Es existiert ein Protokoll der Senatssitzung der Berliner Kunstakademie vom 28. 7. 1810 über die *diesjährige Kunstausstellung* mit eigenhändigen Zusätzen Schleiermachers. Offen bleiben muß die Frage, wie weit Schleiermacher auf die Auswahl der Bilder Friedrichs für diese Ausstellung Einfluß ausgeübt hat und ob er Friedrich bei seinem Besuch möglicherweise in dem Entschluß bestärkt hat, seine Bildformulierung zu reduzieren. – Schleiermacher hat Friedrich dann erst wieder 1818 in seinem Atelier aufgesucht.) Der Mönch ist eine dem Alltag enthobene, vergeistigte Gestalt. Gerade weil alle persönlichen Attribute fehlen, ist es auch müßig, in ihm, wie versucht wurde, ein Selbstbildnis des Künstlers zu suchen. Er stellt jeden Betrachter und somit auch Friedrich selbst dar, denn in ihm ist eine tiefe Gemeinsamkeit der menschlichen Seele, die Identität mit einer Allseele, erfahrbar, die nur selten den Bereich des Unbewußten verläßt. Damit erhält das Bild eine philosophische Dimension, die sich nicht mehr, wie ein traditionelles religiöses Bild, in einer dem Gebildeten ablesbaren Ikonographie darstellen läßt. Diese Dimension erschließt sich erst im meditativen Betrachten. Friedrich machte abstrakte Begriffe wie Unendlichkeit und Ewigkeit durch eine abstrakte Überhöhung der Natur anschaulich.

Literatur:

A. Aubert 1915, S. 2–4
H. v. Einem 1938, S. 71, 117
H. Börsch-Supan 1973, Nr. 168
C. D. Friedrich, Hamburg 1974, Nr. 77
R. Rosenblum 1975, S. 10 m. Abb.
W. Schmied 1975, S. 60, Farbt. S. 61
P. Rautmann 1979, S. 57 f., Abb. 16
M. le Bris 1981, S. 76, Farbt.

Abtei im Eichwald 1809-10

Öl auf Leinwand, 110,4 x 171 cm
Erworben: Durch König Friedrich Wilhelm III. 1810
Inv.-Nr. NG 8/85
(früher Verwaltung der Staatl. Schlösser u. Gärten, Schloß Charlottenburg, GK I 6917)

Gemalt als Gegenstück zu *Der Mönch am Meer* nach der Greifswald-Reise 1809. In der Berliner Akademie-Ausstellung von 1810 hingen *Der Mönch am Meer* und *Abtei im Eichwald* übereinander: als oberes Bild der Mönch, darunter die Abtei. Beide Werke wurden 1810 von König Friedrich Wilhelm III. erworben.

Zwei Vorzeichnungen zu den Eichen kann H. Börsch-Supan (München 1973, Nr. 169) nachweisen, und er geht von weiteren verschollenen Zeichnungen aus, da Bäume und Ruine auch in anderen Bildern vorkommen. O. Schmitt (Stettin 1931, S. 188) hat die Ruine als die Fassade der Kirchenruine Eldena identifiziert, deren vermauertes Fenster Friedrich geöffnet und mit Maßwerk versehen darstellt. Auch die Gestaltung des Portals mit dem eingefügten Kreuz ist eine freie Erfindung. So, wie diese bewußt komponierte Darstellung das Vorbild zu einem transzendenten Symbol erhöht, so ist auch das Licht nicht einfach zur Beleuchtung einer Szenerie eingesetzt und auf eine reale Lichtquelle zurückzuführen, sondern eine ins Metaphysische erhöhte Vision. Im Sinne Novalis ist das Kunstwerk als ein potenzierter Natureindruck angestrebt. Die Helligkeit liegt wie eine Verheißung über dem Dunkel. G. Eimer (Frankfurt 1974, S. 59) sieht *„eine auf konzentrischem Grundriß bauende Raumstruktur“* und schreibt weiter, den *Mönch am Meer* mit einbeziehend: *„Die Methode, ganze Bildzonen durch einheitliche Schattenlasuren in eine irrationale Perspektive zu tauchen, ist beiden Werken gleich.“*

Auf dem verschneiten Friedhof trägt ein Zug von Mönchen einen verstorbenen Bruder zu Grabe. Überall ist hier der Tod gegenwärtig: in der Winterlandschaft mit den Gräbern, in den kahlen Bäumen, in der Ruine und in dem Verstorbenen und den Exequien selbst. H. Börsch-Supan (a.a.O.) sieht in der Ruine eine Kritik an der Institution Kirche. Sie stehe nahezu in einer Reihe mit den Eichen, die eine heidnische, kämpferische Lebenshaltung versinnbildlichten und deren bizarre Erscheinung vielleicht als Ausdruck der Verzweiflung der Heiden angesichts des Todes gedeutet werden könne. Und auch für J. Ch. Jensen (Köln 1974, S. 111) ist die Ruine *„Zeichen der Institution Kirche, die, wie die heidnischen Eichen, vergeht vor dem Auferstehungsmorgen“*. Doch liegt hier nicht einfach ein zyklisches Denken zugrunde, das in den Jahreszeiten der Natur zu erleben ist und das auch dem Toten ein neues, ewiges Leben verheißt. Das Kreuz Christi, an dem er vorbeigetragen wird, ist mit den beiden kleinen Lichtern Hinweis auf das unendliche Licht des Himmels, in das seine Seele eingehen wird. Die Ruine, Zeichen der Vergänglichkeit, steht auch für den Glauben der Väter. Sie hat ihre sakrale Würde behalten und kann nun, eingefügt in die Natur, die Gedanken noch umfassender auf Gottes Allmacht führen. In der Natur offenbart sich Gott und in der Lehre wird er faßbar. Aus Friedrichs pan-entheistischer Auffassung heraus[1]) wird das Bild zu einer Metapher des Todes und der Auferstehung[2]).

Wie gegensätzlich die *Abtei im Eichwald* von den Zeitgenossen aufgefaßt wurde, zeigen die folgenden Zitate: Carl Gustav Carus (Leipzig 1865/66, II, S. 230) nannte das Bild *„vielleicht das tiefsinnigste poetische Kunstwerk aller neueren Landschaftsmalerei“*. Dagegen polemisierte Johann Gottfried Schadow in einem undatierten Brief (in: B. Cassirer, Berlin 1914, S. 61) gegen das Werk: *„Im Fache der Landschaft hatte früher schon Friedrich in Dresden einen Nachtwächterton angegeben, der noch widerhallte, in Klosterkirchhöfen, die verschneit sind und wo vermummte Puppen herumschleichen. Hiervon sagte Goethe ‚schöne Arbeit, aber ich meinte immer, die Kunst solle das Leben erheitern; hier ist Kälte, Hastereien, Hinsterben und Trostlosigkeit – wenn die Holländer den Winter darstellen, so sieht man Schlitten und Schlittschuhläufer und Lebenslust, und letzteres, nämlich Lebenslust, wird zur Zeit in der Geschichtsmalerei sparsam angebracht.‘“* Goethe muß seine Meinung geändert haben, denn unter dem unmittelbaren Eindruck der Bilder hatte er nach dem Atelierbesuch am 18. 9. 1810 in sein Tagebuch notiert (Tagebücher 1810–32, München 1963, Bd. 44, S. 10): *„Zu Friedrich. Dessen wunderbare Landschaften. Ein Nebelkirchhof. Ein offenes Meer.“*

Eine eindringliche Schilderung des Bildes gab Johanna Schopenhauer, die Mutter des Philosophen, die es gleichfalls im Atelier sah (Journal des Luxus und der Moden, 1810, S. 690–693): *„Ein Winterabend, die Gegend stellt die Ruinen einer Kirche vor... Hoch in der kalten, klaren Luft steht der Neumond, neben ihm funkelt der Abendstern, man entdeckt auch die dunkle Seite des Mondes, wie das in sehr kalten hellen Winternächten der Fall ist... Aus der Erde aufsteigende Nebelwolken, von der Kälte fast schon zu Reif verkörpert, verdecken alle Ferne, sie wälzen sich ganz nahe heran. Welch ein Bild des Todes ist diese Landschaft! Wie schauerlich, wie hoffnungsleer ohne den ewigen Stern der Liebe, der oben blinket. Das Gemälde ist mit dem lobenswerten Fleiße vollendet, überall aufs treueste den Erscheinungen der nordischen Natur nachgebildet, man friert, wenn man es betrachtet, und glaubt, den Schnee unter den Tritten knistern zu hören."*

Theodor Körner hat in zwei Sonetten, die er *Friedrichs Totenlandschaft* nannte (Berlin o. J., S. 95) seine Empfindungen vor dem Bild in einfühlsame Worte gefaßt:

Die Erde schweigt mit tiefem, tiefem Trauern,
Vom leisen Geisterhauch der Nacht umflüstert;
Horch, wie der Sturm in alten Eichen knistert,
Und heulend braust durch die verfallnen Mauern.

Auf Gräbern liegt, als wollt' er ewig dauern,
Ein tiefer Schnee, der Erde still verschwistert,
Und finstrer Nebel, der die Nacht umdüstert,
Umarmt die Welt mit kalten Todesschauern.

Es blickt der Silber-Mond mit bleichem Zittern
Mit stiller Wehmuth durch die öden Fenster; –
Auch seiner Strahlen sanftes Licht verblüht! –

Und leis' und langsam durch des Kirchtors Gittern,
Still wie das Wandern nächtlicher Gespenster
Ein Leichenzug mit Geisterschritten zieht.

Und plötzlich hör' ich süße Harmonieen,
Wie Gottes Wort, in Töne ausgegossen,
Und Licht, als wie dem Crucifix entsprossen,
Und meines Sternes Schimmer seh' ich glühen;

Da wird mir's klar in jenen Melodieen;
Der Quell der Gnade ist in Tod geflossen,
Und jene sind der Seligkeit Genossen,
Die durch das Grab zum ew'gen Lichte ziehen. –

So mögen wir das Werk des Künstlers schauen.
Ihn führte herrlich zu dem höchsten Ziele
Der holden Musen süße heil'ge Gunst.

Hier darf ich kühn dem eignen Herzen trauen:
Nicht kalt bewundern soll ich, – nein, ich fühle,
Und im Gefühl vollendet sich die Kunst.

Anmerkungen:

1.
Nach panentheistischer Lehre ruht das All in Gott, dieser geht jedoch nicht, wie im Pantheismus, im All auf. Es findet sich in Friedrichs Werken jedoch auch ein Niederschlag des dem Pantheismus nahen identitätsphilosophischen Systems Schellings, in dem Geist und Natur gleichgesetzt sind.

2.
1817–19 griff Friedrich die Idee nochmals auf in dem sehr ähnlich komponierten Bild *Klosterfriedhof im Schnee* (früher Nationalgalerie Berlin, 1945 verbrannt). In dem späteren Bild spielt jedoch die Architektur eine dominierende Rolle, das traumhaft Ahnungsvolle der ersten Fassung ist dort einer scharfen Detailtreue und kühlen Monumentalität gewichen.

Literatur:

O. Schmitt 1931, S. 169–90
H. Börsch-Supan 1973, Nr. 169
G. Eimer 1974, Abb. S. 130
J. Chr. Jensen 1974, Farbt. 3
W. Schmied 1975, S. 62, Farbt. S. 63
C. D. Friedrich, Hamburg 1974, Nr. 78
R. Rosenblum 1975, Abb. S. 29
P. Rautmann 1979, S. 57 f., Abb. 17
M. le Bris 1981, Farbt. S. 82

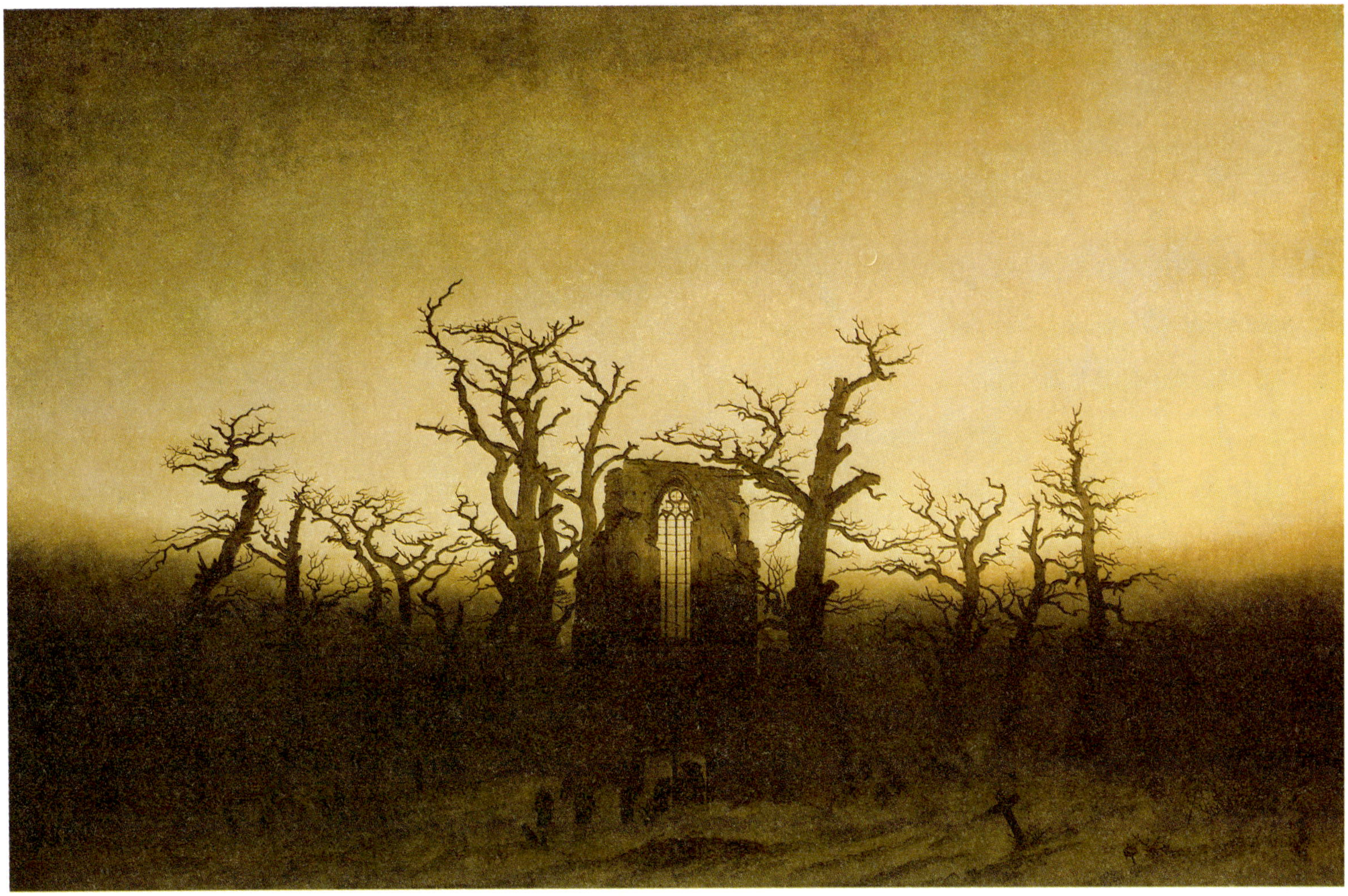

Morgen im Riesengebirge 1810/11

Öl auf Leinwand, 108 x 170 cm
Erworben: Durch König Friedrich Wilhelm III. 1812
Inv.-Nr. NG 10/85
(früher Verwaltung der Staatl. Schlösser u. Gärten, Schloß Charlottenburg, GK I 6911)

Im Sommer 1810 unternahm Caspar David Friedrich mit seinem Freund Georg Friedrich Kersting eine Wanderung durch das Riesengebirge (G. Grundmann, München 1958, S. 75 ff.), die einen nachhaltigen Eindruck auf ihn machte. Bald nach der Rückkehr begann der Künstler am *Morgen im Riesengebirge* zu arbeiten. Außer zwei erhaltenen Zeichnungen, die unterwegs entstanden waren (vom 11. 7. 1810, Chemnitz, C. Müller in Kat. Breslau 1937; vom 17. 7. 1810, Dresden, G. Grundmann, a.a.O., Abb. S. 78), werden auch frühere Skizzen (H120 und H440, S. Hinz, Greifswald 1966, S. 68, H164, W. Sumowski, Wiesbaden 1970, Abb. 187) mit dem Bild in Verbindung gebracht.

Friedrich hat sein Erlebnis zu einem allegorischen Landschaftsbild erhöht, wobei, wie in dem ungefähr zwanzig Jahre später entstandenen *Riesengebirge,* das auf die gleichen Natureindrücke zurückgeht, ein vorgefaßtes Kompositionsschema zugrunde gelegt wird. Hier ist es die von keiner Bergspitze überragte Horizontlinie, die das Bild, Meeresdarstellungen vergleichbar, in zwei klar voneinander getrennte Ebenen teilt. Eine unermeßliche Tiefe und Weite entsteht, da die Berge in dichter Folge hintereinander gestuft sind und mit dem aus den Tälern aufsteigenden Nebel zu einer fast monochromen Fläche zusammenzuwachsen scheinen. Der Vordergrund ist durch den für Friedrich typischen hohen Blickpunkt übersprungen. Eine hochaufragende Felsgruppe in der ersten Bildzone wird von einem Kruzifix bekrönt. Es reicht über die Horizontlinie in den Himmel hinein; der Korpus schwebt im Licht der aufgehenden Sonne. Eine weiß gekleidete Frau hat den Fuß des Kreuzes mit einer Hand umfaßt, während sie mit der anderen einem Mann bei den letzten Schritten des steilen Aufstiegs hilft. Ein Rezensent der Dresdner Akademie-Ausstellung von 1811 teilte im *Journal des Luxus und der Moden* (26, S. 371) mit, die männliche Gestalt sei Friedrich selbst und sie sei, wie die weibliche Figur, von Kersting gemalt worden. Die Darstellung scheint eine in die Landschaft hineinprojizierte Szene zu sein. Deutlich wird hier, daß Friedrichs Glaube nicht auf kirchlichen Lehrsätzen beruht, sondern auf individuellen Empfindungen. Die Hinwendung zu Christus und das Erlebnis der Unendlichkeit sind als gleichberechtigte Erfahrungen nebeneinandergestellt. In der Einheit wird der Erlösungsgedanke der Religion versinnbildlicht. H. Börsch-Supan (München 1973, S. 23) sieht in der Frau keine reale Person, sondern eine Allegorie des Glaubens oder der Religion. K. Lankheit (in: Dt. Vierteljahresschrift für Literaturwissenschaft und Geistesgeschichte, 24. Jg., 1950, S. 138) spielt auf die Übereinstimmung mit Schleiermacher an, nach dessen Vorstellung die Geliebte zu Gott hinführe.

Literatur:

Journal des Luxus und der Moden, 1811, 26, S. 371
K. Lankheit, C. D. Friedrich und der Neuprotestantismus, in: Dt. Vierteljahresschrift für Literaturwissenschaft und Geistesgeschichte. 24. Jg., 1950, S. 138
G. Grundmann 1958, S. 75, 82, 85, 98
W. Sumowski 1970, S. 70, 83, 130, 197
H. Börsch-Supan 1973, Nr. 190
C. D. Friedrich, Hamburg 1974, Nr. 90
W. Schmied 1975, S. 68, Farbt. S. 69
P. Rautmann 1979, S. 65 f., Abb. 19

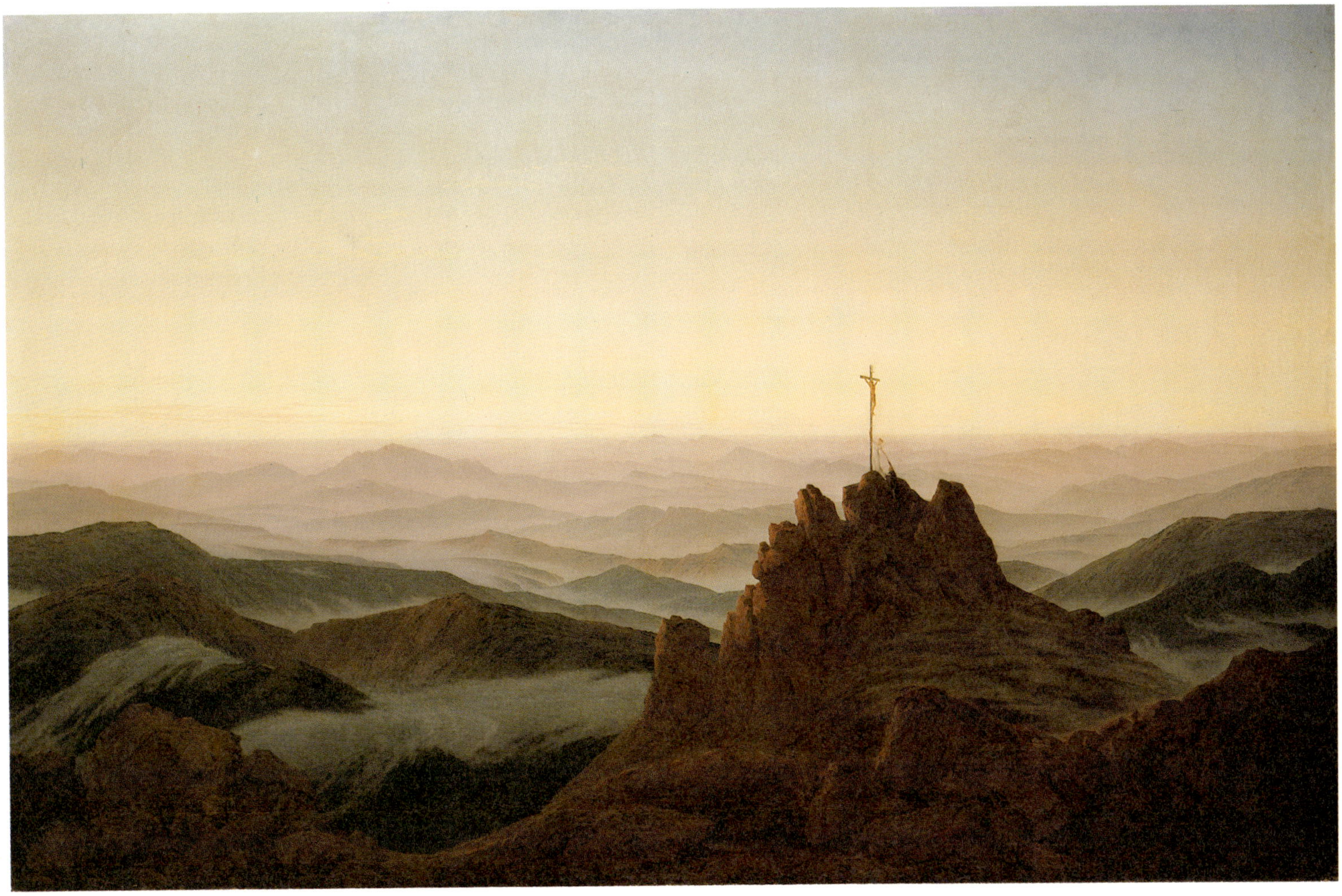

Zwei Männer am Meer 1817

Öl auf Leinwand, 51 x 66 cm
Erworben 1936
Provenienz: Frau Oberin Mara Richter, Berlin; ein Vorfahre der letzten Besitzerin soll das Bild zu Lebzeiten Friedrichs erworben haben.
Inv.-Nr. A II 884

Auf der Dresdener Akademie-Ausstellung 1817 ausgestellt, dürfte das Bild kurz vorher entstanden sein. Das Thema begleitet nun Friedrichs Schaffen und wird in zwei Gemälden - 1821 und 1830/35 - und zwei Bleistift/Sepiazeichnungen - 1835 und 1837 - (H. Börsch-Supan, München 1973, Nr. 281, 406, 478, 479) variiert. Obwohl der topographische Ausgangspunkt an Hand von Zeichnungen (H. Börsch-Supan, a.a.O., Nr. 90–93) als ein Strand nahe Stubbenkammer auf Rügen identifiziert wurde, ist doch kein bestimmter Ort gemeint, sondern das visionäre Erahnen des Göttlichen im Naturerlebnis. Das Licht des aufgehenen Mondes und die Gestaltung der Wolken bilden eine symmetrische Formation am Himmel. Damit wird die Intention des Bildes, die Natur nicht realistisch zu erfassen, sondern zur Metapher zu erhöhen, deutlich.

W. Hofmann (Kat. Hamburg 1974, S. 76) sieht in den Menschen auf Friedrichs Bildern in der Regel wesentliche Bestandteile der sakralen Bildstruktur und nennt sie verweltlichte Mönche und Anachoreten: *„Sie führen weder profane Handlungen aus, noch zeigen sie sich für Gesprächskontakte bereit."*

Die beiden Männer sind dem Mondaufgang wie einem sakralen Vorgang konfrontiert in einem von der protestantischen Theologie der Zeit (Schleiermacher, Kosegarten) dem kirchlichen Gottesdienst gleichgestellten Erlebnis. Da von der individuellen Persönlichkeit nichts erkennbar ist, stehen sie für jeden, der einer ähnlichen Erfahrung fähig ist, und der Betrachter muß sich, will er sich mit dem Bild befassen, mit ihnen identifizieren. Ihre altdeutsche Tracht, Radmantel und Barett, entspricht der von Ernst Moritz Arndt als vaterländisch empfohlenen Bekleidung, die später während der Demagogenverfolgung verboten wurde. Die Kleidung ist Symbol für eine rückwärts gewandte Utopie, die im Mittelalter das Vorbild für die Einigung Deutschlands sah. Friedrich gibt somit seine vaterländische Gesinnung zu verstehen. Über den zeitpolitischen Bezug hinaus ist damit auch ein typischer Gedanke der Romantiker in das Bild mit eingeflossen: ihre Sehnsucht nicht nur in die Weite der Natur zu transponieren, sondern auch aus der problematischen Realität des Alltags in die scheinbar ideale Vergangenheit des Mittelalters zu entfliehen.

Literatur:

A. v. Arnim, in: Der Gesellschafter 1817, Nr. 144, S. 575
H. v. Einem 1938, S. 71, Taf. III
W. Sumowski 1970, S. 87, 131, 226, 230, 236
H. Börsch-Supan 1973, Nr. 223
R. Rosenblum 1975, Abb. S. 21
Kat. NG 1976, S. 123

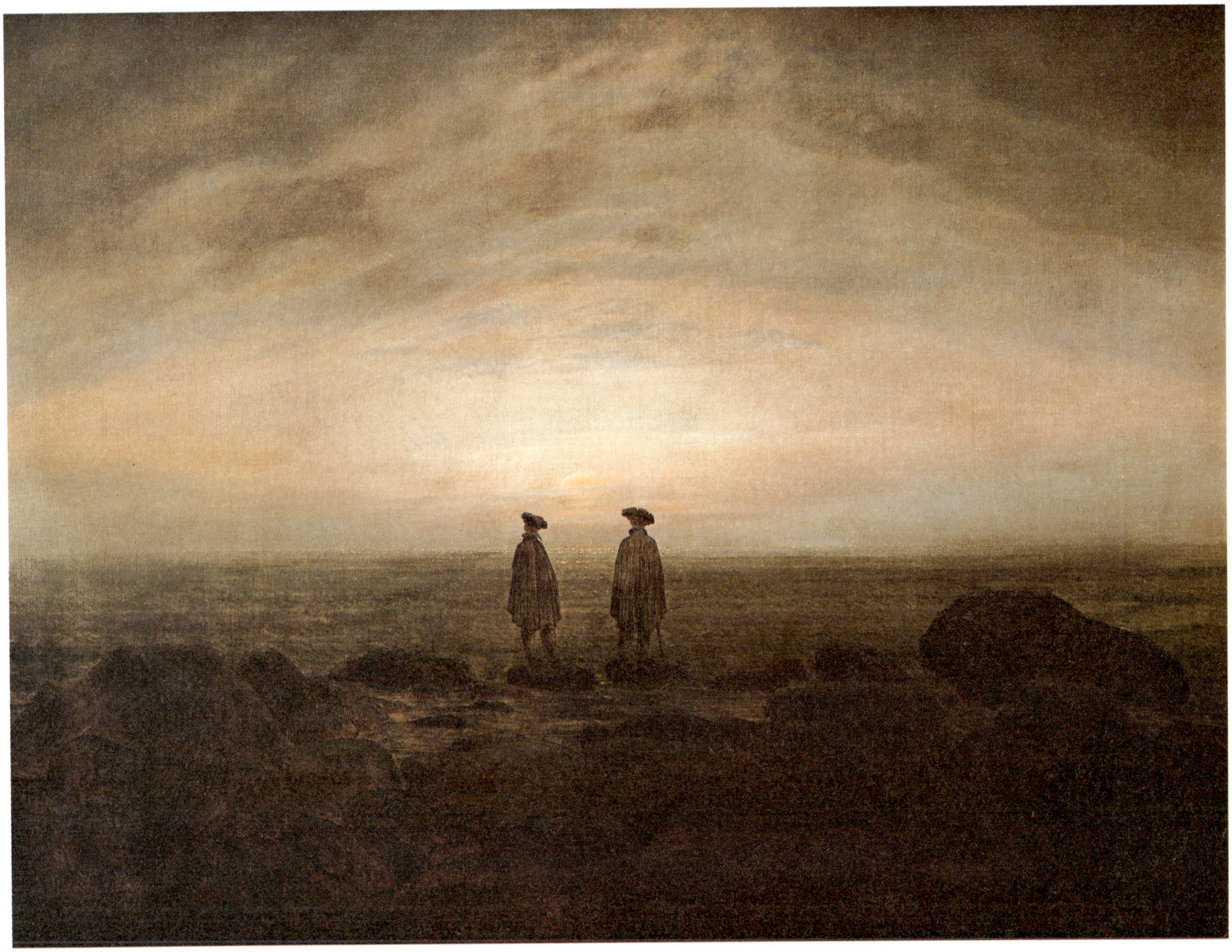

Greifswalder Hafen um 1818–20

Öl auf Leinwand, 90 x 70 cm
Erworben 1919
Provenienz: Frau Justizrat Kirchhof, Greifswald; Konteradmiral a. D. Kirchhof, Warnemünde
Inv.-Nr. NG 1317

Die Darstellung ist als die Mündung des Ryck in den Greifswalder Bodden mit der Silhouette der Stadt im Hintergrund zu lokalisieren. Doch trotz topographischer Genauigkeit fehlt alles Vedutenhafte.

Wie so oft bei Friedrich erscheint durch zentrale Lage und Größe betont ein *Protagonist,* hier ein Segelschiff, dessen Masten, weit in den Himmel hineinreichend, vor dem Licht der untergehenden Sonne stehen. Mit den Rahen, die zu den Segeln der Nachbarboote überleiten, ist ein dreieckiges Kompositionsschema in die Mitte vor die vertikalen Zonen von Vordergrund, Wasser und Himmel mit Wolken und Licht gestellt. Eine zusätzliche Bewegungsrichtung von vorne links nach rechts hinten wird durch die Hintereinanderstaffelung der Boote und durch das immer mehr im Dunst verschwindende Ufer erreicht. Ruhigem irdischem Leben steht die Unermeßlichkeit des Himmels gegenüber.

Von den umstrittenen Datierungen, die von 1807 bis 1820 reichen, ist in jüngerer Zeit W. Sumowskis (Wiesbaden 1970, S. 75 ff.) Datierung *gegen 1820* weitgehend akzeptiert worden. Neben seinem Hinweis auf eine 1818 datierte Zeichnung eines dem Hauptschiff im Bild *„außergewöhnlich ähnlichen Schiffes“* würde H. Börsch-Supans (München 1973, Nr. 284) Beschreibung der Werke von 1819 bis 1825 zutreffen, deren symbolischen Gehalt er als verschleiert ansieht. H. Börsch-Supans (a.a.O., S. 484) Zweifel an der Urheberschaft Friedrichs und der Ausschließung des Bildes aus dem Werkverzeichnis ist von mehreren Seiten heftig widersprochen worden (Kat. Hamburg 1974, S. 228; W. Schmied, Köln 1975, S. 76; Kat. NG. Berlin 1976, S. 125/26). Eine Infrarotaufnahme (1974) ergab, daß die Staffagefiguren und das Boot, das die Männer links entladen, später hinzugefügt wurden. Vermutlich stammen sie nicht von Friedrich und sind bezeichnend für einen Auftraggeber, der Friedrichs Reduktion des Erzählerischen im Bild nicht verstand. – W. Hofmann (Kat. Hamburg 1974, S. 33) meint, Friedrich habe unmittelbar auf das in der niederländischen Marinemalerei beliebte Thema *Stille See* zurückgegriffen und schreibt zu dem Inhalt: *„Der Stimmungsgehalt Friedrichscher Hafenbilder schließt eine starre allegorische Bedeutung aus, nicht aber die Möglichkeit, daß darin mehrschichtige Assoziationen im übertragenen Sinne wie Geborgenheit, Friede und Lebensabend mitschwingen.“*

Literatur:

W. Sumowski 1970, S. 75, 76, Abb.
H. Börsch-Supan 1973, S. 484, Nr. I
C. D. Friedrich, Hamburg 1974, Nr. 136
W. Schmied 1975, S. 76, Farbt. S. 77
W. Geismeier 1975, Taf. 29
Kat. NG 1976, S. 124

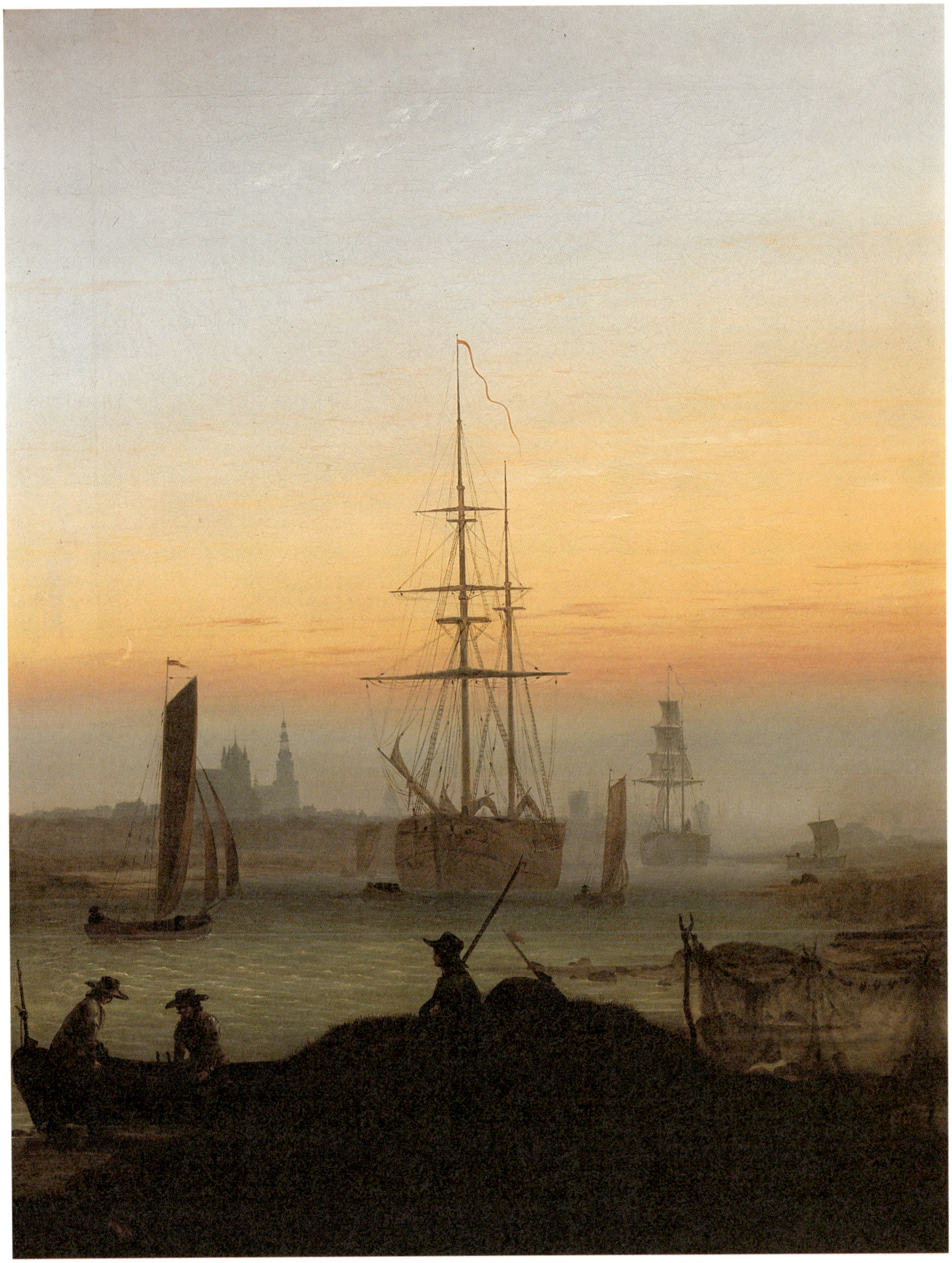

Nebel im Elbtal um 1821

Öl auf Leinwand, 33 x 42,5 cm
Inv.-Nr. NG 11/85
(früher Verwaltung der Staatl. Schlösser u. Gärten, Schloß Charlottenburg, GK I 10762)

Das kleine Landschaftsbild, das wie die Wiedergabe eines Natureindruckes erscheint, wurde offenbar von Friedrich frei gestaltet und ist nur allgemein in die Umgebung von Dresden zu lokalisieren. H. Börsch-Supan (München 1973, Nr. 278) nennt die Landschaft komponiert, *„da die fast kahlen Bäume links im Vergleich zu den Häusern im Mittelgrund zu groß sind. Dennoch steht das Bild den vedutenartigen Landschaften dieser Zeit nahe."* Auffallend ist, daß der Künstler auch hier seine Methode anwendet, die Raumtiefe durch Hintereinanderstaffelung einzelner Bildabschnitte zu erreichen. So schiebt sich hinter den Vordergrund mit Acker, Wiesen und Bäumen eine durch eine Brücke verbundene zweite Ebene als Mittelgrund, wo hinter Feldern einige Häuser, ein Kalkofen (H. Börsch-Supan, a.a.O.) und einige Bäume zu erkennen sind. Nebel, Rauch und Wolken liegen auf dem Hang des Berges, der über die gesamte Bildbreite führend den Hintergrund bildet. Seiner ruhigen, zur Mitte hin erhöhten Kammlinie antwortet am Himmel die Formation der Wolken, die von den Strahlen der aufgehenden Sonne zerteilt wird. In den von Friedrich überlieferten Aphorismen findet sich ein Passus, der deutlich macht, welche Empfindungen er in eine solche Landschaft legte (Bekenntnisse, Hrsg. K. K. Eberlein, Leipzig 1924, S. 203): *„... oder wessen Phantasie arm ist und im Nebel nichts als grau sieht,* (bei dem) *läßt sich die Abneigung wohl erklären. Wenn eine Gegend sich in Nebel hüllt, erscheint sie größer, erhabener und erhöht die Einbildungskraft und spannt die Erwartung gleich einem verschleierten Mädchen. Auge und Phantasie fühlen sich im allgemeinen mehr von der duftigen Ferne angezogen als von dem, so nah und klar vor Augen liegt."* – Deutlicher glaubt H. Börsch-Supan (a.a.O.) das Bild deuten zu können. So sieht er in dem gepflügten Acker und den dürren Obstbäumen des Vordergrundes *Symbole für den Zustand des Todes.* Den mittleren Bereich nennt er *„ein Gleichnis für das irdische Leben mit seiner Geschäftigkeit".* Die Brücke zwischen den beiden Bildebenen sei ein Sinnbild für den Übergang vom Leben zum Tod und der Berg ein Gottessymbol.

Die durch Nebel und Wolken leicht verschleierte Bildstruktur transponiert die atmosphärische Stimmung ins Symbolische, das aber wohl doch eher allgemein religiöses Empfinden spiegelt.

Literatur:

H. v. Einem 1938, S. 115, Abb. 74
W. Sumowski 1970, S. 26, 207–209
H. Börsch-Supan 1973, Nr. 278

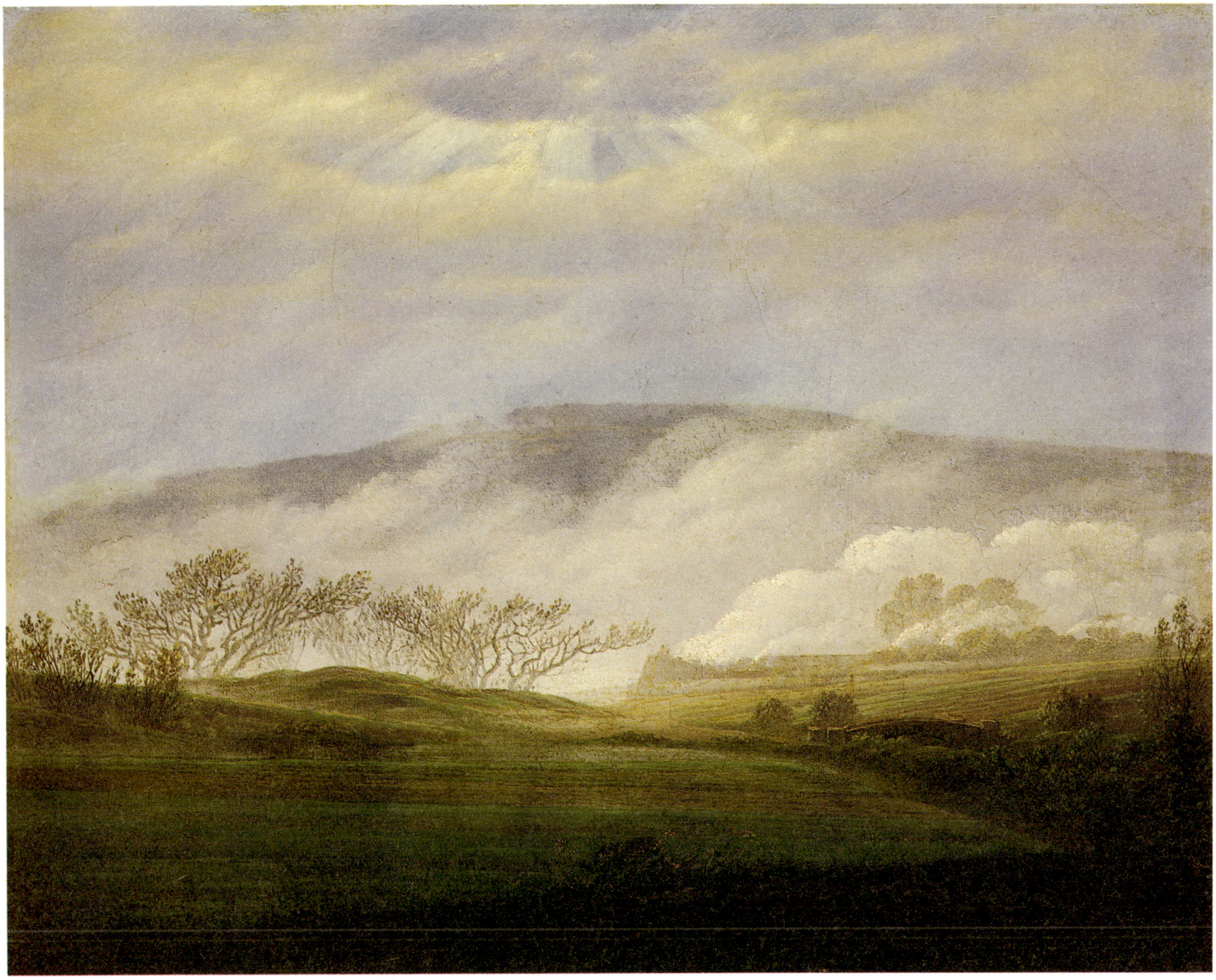

Der einsame Baum 1822

Öl auf Leinwand, 55 x 71 cm
Erworben: 1861 übernommen aus der Slg. Wagener
Provenienz: Seit 1822 Slg. Konsul Wagener, Berlin
Inv.-Nr. NG 77

Von Konsul Wagener 1822 mit dem Pendant *Mondaufgang am Meer* als Morgen und Abend bestellt. In einem Brief Friedrichs an Wagener vom 1. 11. 1822 wurde das Werk mit dem Gegenstück als vollendet bezeichnet (Vgl. H. Börsch-Supan, München 1973, Nr. 298, der damit die alte Datierung *1823* korrigiert).

Seit 1828 wird das Bild in den Verzeichnissen der Sammlung Wagener als *Eine grüne Ebene*... geführt. Während M. Jordan (Sammlungskat. NG Berlin 1876, Nr. 77) in dem Bild eine Harzlandschaft sieht, fühlt sich L. Thormaehlen (Sammlungskat. NG Berlin 1921) eher an die Täler der Sudeten erinnert und führt den Titel *Der einsame Baum* ein. H. Börsch-Supan (a.a.O.), der sechs zwischen 1806 und 1810 im Riesengebirge und in der Umgebung von Neubrandenburg entstandene Zeichnungen mit dem Bild in Verbindung bringt, kann an Hand einer Studie aus dem Riesengebirge vom 6. 7. 1810 (H. 540, ehm. Chemnitz, Städt. Museum, seit 1945 verschollen) die Landschaft überzeugend in diese Gegend lokalisieren und nennt das Bild *Dorflandschaft bei Morgenbeleuchtung.*

Das Bild, in dem die Landschaft in parallel hintereinandergestaffelten Abschnitten aufgebaut ist, erhält seine feste Form durch den Baum, der als zentrale Achse alle Schichten durchschneidet. Diese Stellung verstößt gegen die klassischen Regeln, die einzelnen Elemente der Gesamtkomposition unterzuordnen und eine ideale Landschaft nach ästhetischen Gesichtspunkten zu komponieren. Wie ein Altarbild im Zentrum das Zeichen des Mysteriums und der Verehrung enthält, wird der Baum nun dominierender Bedeutungsträger. Im Blickwinkel des Malers erscheint er überproportional groß. Er bietet einem Hirten Schutz, sein mächtiger Stamm hat Wind und Wetter standgehalten und seine schon abgestorbene Spitze ragt in den Himmel hinein, wo die Wolken über ihm eine flache Kuppel bilden. So scheinen das Morgenlicht und der Tod kein Widerspruch zu sein.

Zu unterschiedlichen Interpretationen gab der Baum Anlaß: L. Justi (Berlin (1921, S. 20/21) sieht in ihm *„ein Gebilde aus trotziger Kraft, ... dem Deutschen das Sinnbild festgewurzelter Kraft“,* W. Wolfradt (Berlin 1924. S. 159) nennt ihn *„die Wirbelsäule des Ganzen“* und bei C. M. de Prybram-Gladona (Paris, 1942, S. 94) wird er zum *„Symbol der Einsamkeit Friedrichs“.* Für H. Börsch-Supan (a.a.O.) bedeuten Eichen *„eine heroische Lebenshaltung ohne Ausrichtung auf das Jenseits“* und für J. Ch. Jensen (Köln 1974, S. 222) wird er *„ein Zeichen für die in die Gegenwart hineinreichende Vergangenheit“.* W. Hofmann (Kat. Hamburg 1974, S. 46) verweist auf ein Gedicht Kosegartens von 1798, in dem der Eichbaum *„Du Stolzer, du Starker“* und *„Baum Gottes“* genannt wird.

Hinter der von Menschen bewohnten grünen Ebene liegt das Bergmassiv, das in seinem Blaugrau zum transzendenten Bereich der Naturbetrachtung wird. Die Wolken reißen auf und indem der Himmel sich in den beiden Weihern spiegelt, wird seine Unendlichkeit im irdischen Bereich reflektiert. Mit dem Sumpf im Vordergrund, dem Weiher dahinter, den Feldern und schließlich den Dörfern kann die Ebene auch als Metapher für die Menschheitsgeschichte gelesen werden. Mit dem strengen, einfachen Bildaufbau hat Friedrich seine Landschaft zum Träger eines geistigen Ordnungsprinzips gemacht.

Literatur:

W. Wolfradt 1924, S. 159
H. Börsch-Supan 1973, Nr. 298
J. Chr. Jensen 1974, Tafel 18
W. Schmied 1975, S. 96, Farbt. S. 97
C. D. Friedrich Hamburg 1974, Nr. 162
R. Rosenblum 1975, Abb. S. 36
Kat. NG 1976, S. 128
P. Rautmann 1979, S. 92 f., Abb. 28

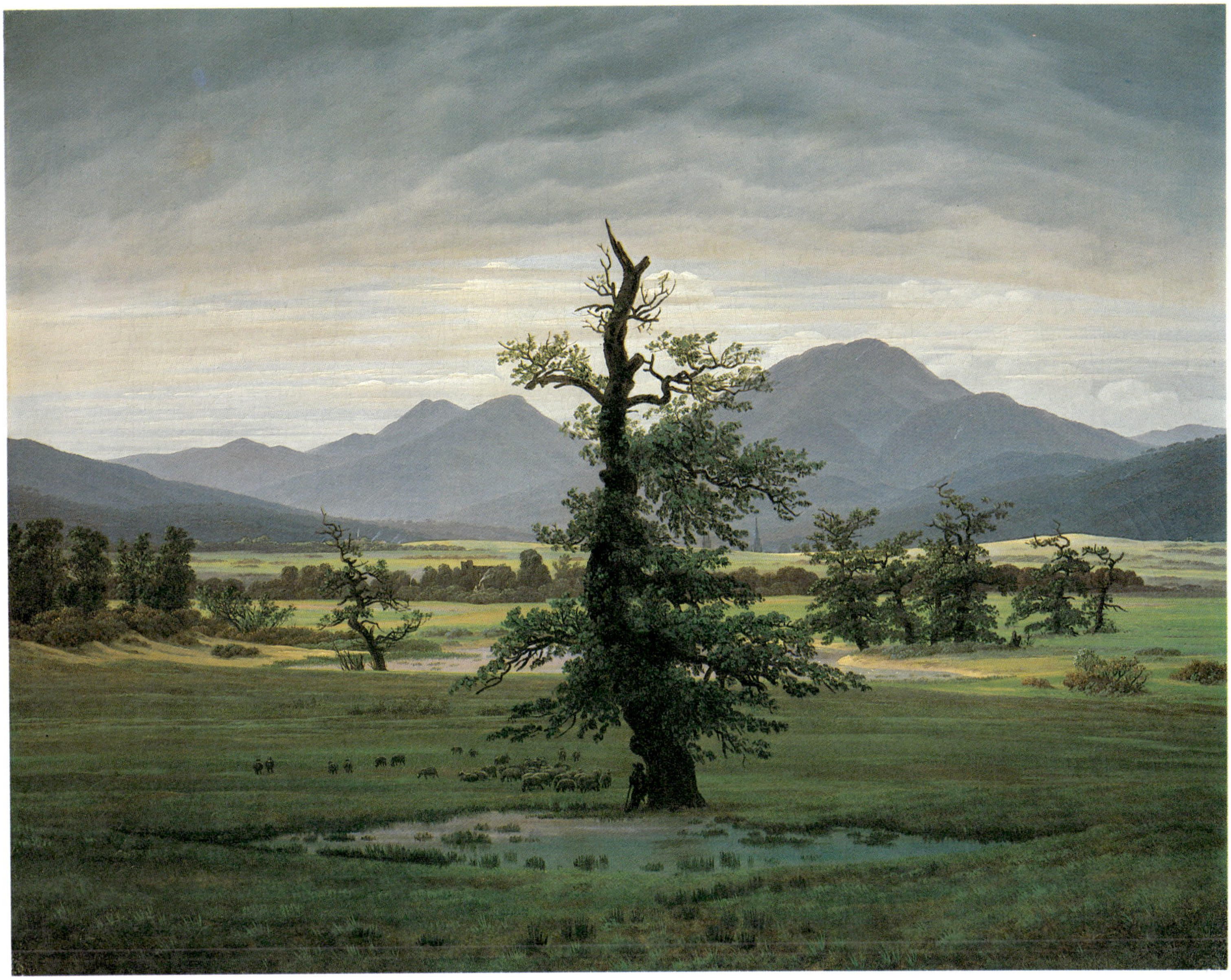

Mondaufgang am Meer 1822

Öl auf Leinwand, 55 x 71 cm
Erworben: 1861 übernommen aus der Slg. Wagener
Provenienz: Seit 1822 Slg. Konsul Wagener, Berlin
Inv.-Nr. NG 78

Als Gegenstück zu dem Morgenbild *Der einsame Baum* 1822 auf Bestellung des Konsuls Wagener als Abendbild entstanden, nennt W. Schmied (Köln 1975, S. 98) die beiden Werke Friedrichs *„vielleicht reifstes und ruhigstes Kontrastpaar"*. W. Wolfradt (Berlin 1924, S. 125/26) nannte das Grundschema des Aufbaus *„hyperbolisch"*, indem die Horizontlinie die Koordinate zwischen den beiden Hyperbelkurven – der Silhouette der Steinblöcke und der Wolkenwand – sei. Dominiert im Morgenbild die Eiche, so ist im Abendbild eine Gruppe von *„Kontemplationsmenschen der gehobenen Stände"*. (W. Hofmann, Kat. Hamburg 1974, S. 7), zwei Frauen und ein Mann, in die Bildmitte gestellt. (Von den zugehörigen Pausezeichnungen in der NG Berlin-Ost, Nr. 12, H 790 und Nr. 13, H 792, nimmt W. Geismeier [Berlin 1965, S. 54] an, sie stammten, wie die Staffagefiguren selbst, von G. F. Kersting, während H. Börsch-Supan [München 1973, Nr. 299] sie als ein während der Arbeit entstandenes Hilfsmittel ansieht, um die Vorzeichnung auf der Leinwand bei der Ausführung des Gemäldes festzuhalten und die Figuren dann in das Bild wieder einfügen zu können.) Wird dort der Hirte als ein Teil der Natur empfunden und das Bild vom Betrachter immer als Gesamtheit reflektiert, so wird er hier verleitet, sich mit den Gestalten zu identifizieren, die als Rückenfiguren ohne Individualität bleiben, und an ihrer Stelle die Weite des Meeres und des Himmels mit zu erleben. Dem irdischen Bereich der Felsblöcke im Vordergrund ist der Mondaufgang am Himmel gegenübergestellt. Nicht das Gefühl existenzieller Einsamkeit des Menschen wie im *Mönch am Meer* dominiert (Vgl. W. Schmied, a.a.O., S. 99), sondern eine tröstliche Stimmung, die durch die Geborgenheit der Gestalten in der Gruppe und durch die heimkehrenden Schiffe entsteht. Im Morgenbild wird die Vergänglichkeit in den absterbenden Bäumen schon erahnt, doch bleibt die Erfahrung diesseitigen Lebens in der Natur stärker. Im Abendbild führen Unendlichkeit und Erhabenheit des Naturerlebnisses die Empfindung auf das Jenseits, und der Aufgang des Mondes wird zu einem hoffnungsvollen Zeichen.

Literatur:

F. Kugler, Privatsammlungen zu Berlin, in: Museum II, 1834, S. 238
W. Wolfradt 1924, S. 124/126
H. Börsch-Supan 1973, Nr. 299
W. Geismeier 1975, Abb. 74
C. D. Friedrich Hamburg 1974, Nr. 163
W. Schmied 1975, S. 98, Farbt. S. 99
Kat. NG 1976, S. 126
P. Rautmann 1979, S. 92f., Abb. 29
M. le Bris 1981, Abb. S. 86

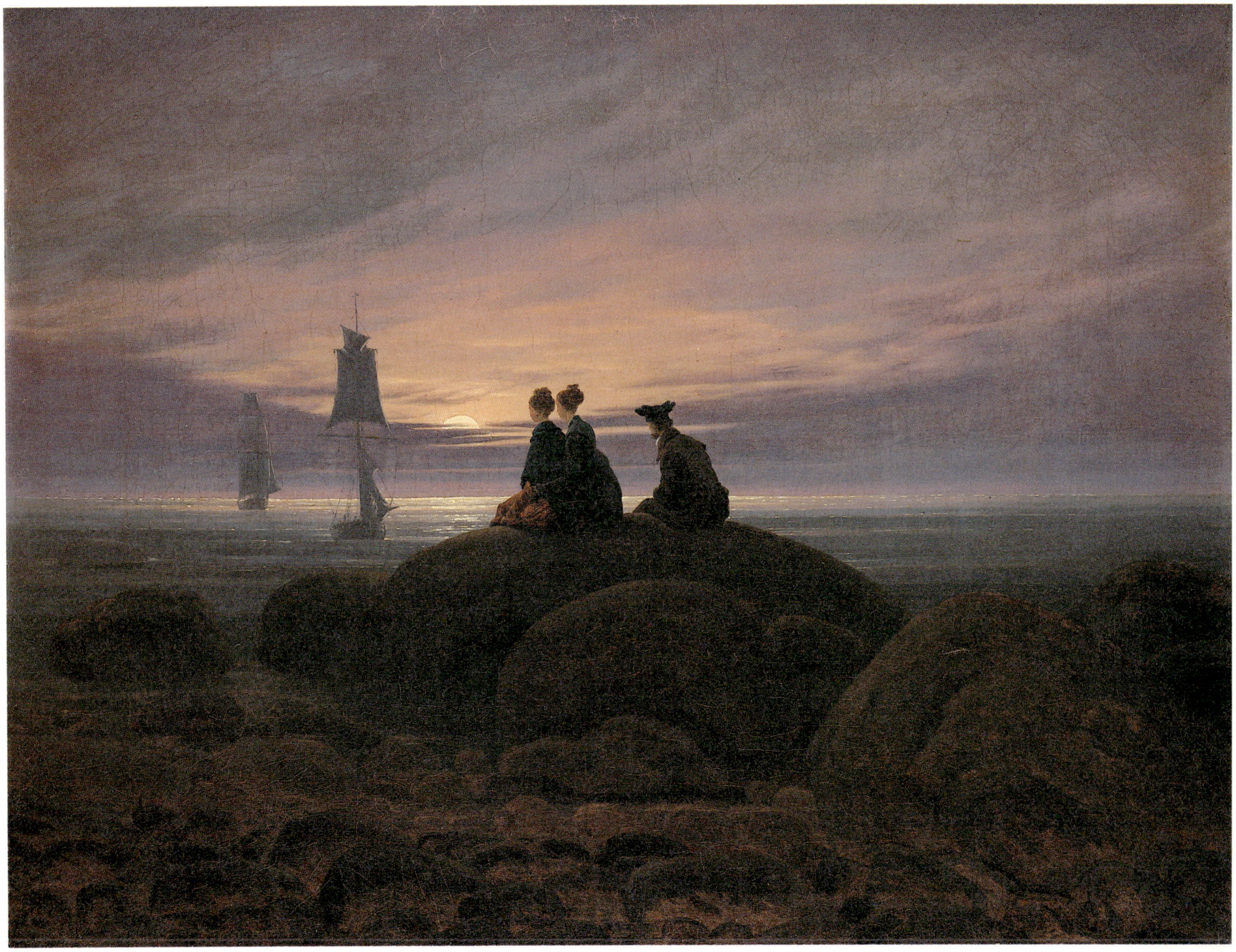

Frau am Fenster 1822

Öl auf Leinwand, 44 x 37 cm
Erworben: 1906
Provenienz: Frau Johanna Friedrich, Schwiegertochter von Friedrichs Bruder Johann Heinrich in Greifswald
Inv.-Nr. NG 906

In einem kargen, dunklen Innenraum steht an einem im unteren Teil durch Läden verschließbaren Fenster eine junge Frau und blickt hinaus. Es handelt sich um Friedrichs Frau Caroline Bommer (1793–1847), mit der er seit 1818 verheiratet war, die hier aus Friedrichs Atelier im Dresdener Wohnhaus an der Elbe schaut. H. Börsch-Supan (München 1960, S. 103) hat das Bild überzeugend mit 1822 datiert, indem er E. Sigismunds (Dresden 1943, S. 100) Hinweis aufgreift, daß Friedrich es verspätet auf die Dresdener Kunstausstellung dieses Jahres lieferte.

Streng ist der Raum aus Horizontalen und Vertikalen konstruiert. So liegt z. B. die senkrechte Sprosse des Fensterkreuzes genau in der Mitte des Bildes und wenn man sie nach unten verlängerte, würde sie mit der mittleren Fuge der Fußbodendielen zusammenstoßen. Dieses strenge Gerüst macht die leichte Neigung der Frau aus der Mittelachse nach links umso deutlicher. Sie atmet Leben in einer dunklen, leblosen Ordnung, und ihre Sehnsucht nach draußen ins Licht gibt in dem einzigen Innenraumbild Friedrichs doch wieder der Landschaft das stärkste Gewicht. Vom Fluß her ragen die Masten zweier vorbeiziehender Segelboote mit ihrer Takelage auf. Über den frühlingshaften hellen Pappeln des gegenüberliegenden Flußufers breitet sich der unendliche Himmel.

Zur sicheren Datierung trug auch ein Sonett von Friedrich de la Motte Fouqué (Dresden 1823, I, S. 208 ff.) bei, das nach einem Besuch in Friedrichs Atelier 1822 als Improvisation zum Thema der Rückenfigur entstand und vom Rätselhaften dieser Darstellung inspiriert ist. Dagegen zeigt eine Besprechung des Bildes in der *Wiener Zeitschrift für Kunst, Literatur, Theater und Mode* von 1822 (S. 1042), wie wenig Friedrichs herbes Kunstideal in den zwanziger Jahren sonst verstanden wurde, das einem das Gefällige und Heitere bevorzugenden Publikumsgeschmack keine Konzessionen machte: *„Ein kleines Bild, das Atelier des Künstlers darstellend, in seiner eigentümlichen Einfachheit, mitten im Hintergrund das Fenster mit der Aussicht auf die Elbe und die gegenüberstehenden Pappeln, wäre sehr wahr und hübsch, wenn Friedrich hier nur nicht wieder seiner Laune gefolgt wäre, die er so sehr liebt, Personen nämlich gerade von hinten darzustellen, seine Gattin steht so am Fenster, teils in Beleuchtung und Stellung sehr unvorteilhaft, teils wiederholt er solche Gestalten, die sich alle gleich sehen, viel zu oft."* – H. Börsch-Supan (München 1973, Nr. 293) erklärt das Bild als religiöse Metapher, indem er schreibt: *„Der Innenraum ist Gleichnis für die Dunkelheit und Begrenztheit des irdischen Daseins, das nur durch Christus, auf den das Fensterkreuz anspielt, und die Aussicht auf ein ewiges Leben Licht erhält. Das jenseitige Ufer versinnbildlicht das Dasein nach dem Tode, nach dem sich die Frau sehnt..."* – Dagegen weist E. Forssmann (Stockholm 1966, S. 295) darauf hin, daß das Bild, wie alle Kunst des frühen 19. Jahrhunderts, wohl *„subjektiven Symbolcharakter, aber keinen objektiven ikonographischen Sinn"* hat. Seine *„romantische Deutung"* lautet, daß *„die Rückenfigur die Sehnsucht der Seele aus irdischer Befangenheit heraus nach der Unendlichkeit der Natur ausdrücken soll, oder die unstillbare Sehnsucht überhaupt."*

Literatur:

E. Sigismund 1943, S. 100
H. Börsch-Supan 1960, S. 103
P. Forssmann 1966, S. 295
H. Börsch-Supan 1973, Nr. 293
W. Schmied 1975, S. 94, Farbt. S. 95
R. Rosenblum 1975, Abb. S. 32
Kat. NG 1976, S. 129

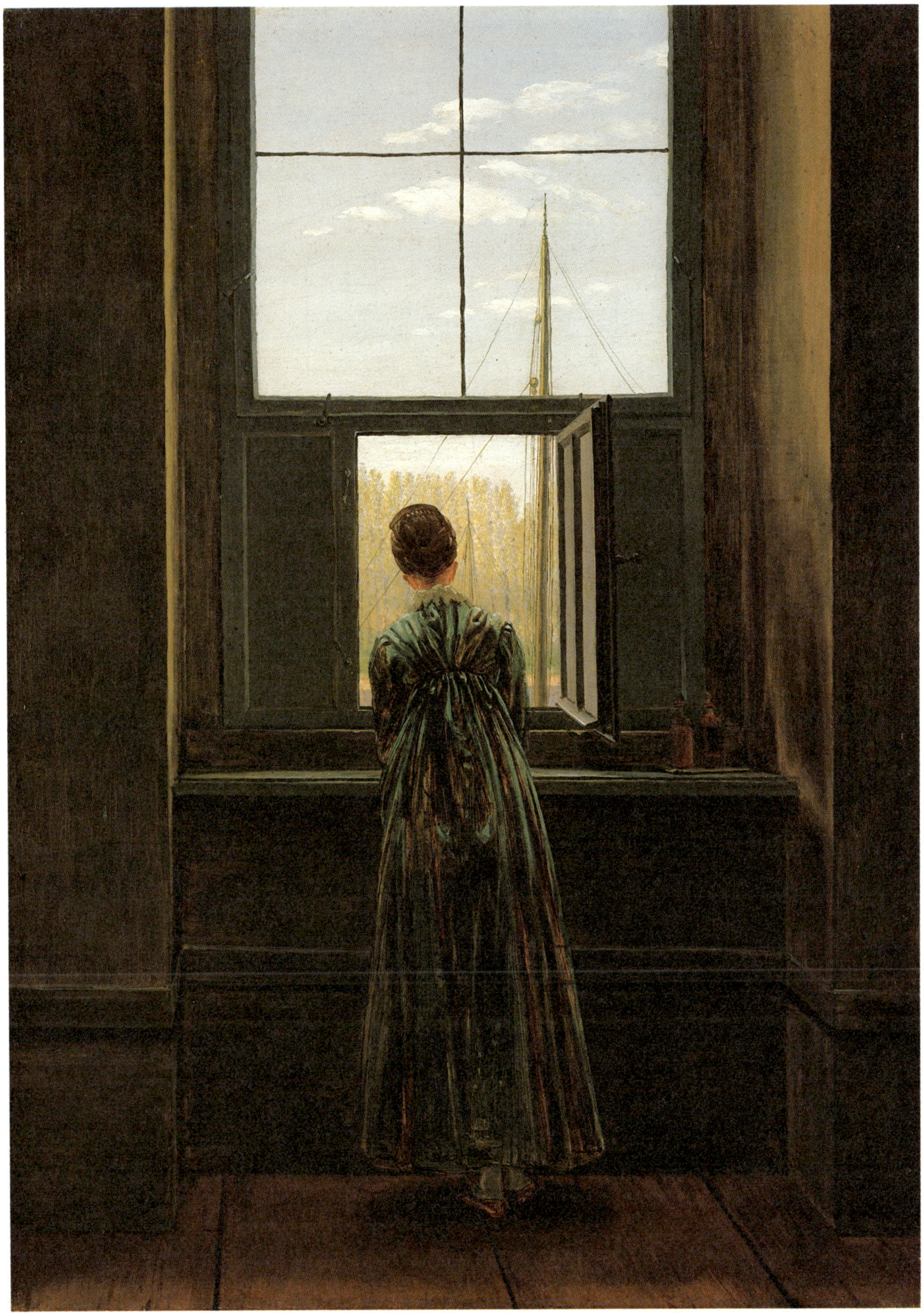

Mann und Frau den Mond betrachtend um 1824

Öl auf Leinwand, 34 x 44 cm
Erworben: 1935
Provenienz: Slg. Böhler, Luzern; P. Cassirer, Berlin; Kunsthandlung Salomon, Dresden (1922)
Inv.-Nr. NG H 6

Das Gemälde, eine Variante des Dresdener Bildes *Zwei Männer in Betrachtung des Mondes* (H. Börsch-Supan, München 1973, Nr. 261), wird von E. Hanfstaengl (Berlin 1937, S. 218) wie dieses 1819 datiert. In dem Paar sieht er, wie bereits schon Friedrichs Freund J. C. C. Dahl[1]), den Maler selbst mit seiner jungen Frau Caroline. H. Börsch-Supan (a.a.O. Nr. 404) glaubt *„aufgrund der glatten, emailhaften Oberfläche"* an eine spätere Enststehung um 1830/35. Dagegen spricht der Hinweis von Marianne Prause (C. G. Carus, Berlin 1968, S. 35), C. G. Carus habe sein Bild *Paar am Oybin im Mondschein* (Slg. Schäfer, Obbach) um 1828, angeregt durch Friedrichs Berliner Bild gemalt. W. Geismeier (Berlin 1965, S. 54) betrachtet eine Pausezeichnung für die Frau (NG Berlin-Ost, Nr. 4) und die Staffage selbst als eine Zutat von Kersting. Nach W. Sumowski (Wiesbaden 1970, Abb. 162 u. 180) dienten ein Studienblatt vom 26./29. 5. 1806 (Oslo, H 386) für die Felsen und eine Zeichnung vom 25./26. 4. 1809 (Dresden, H 508) für den oberen Teil der Eichen als Vorstudien.

Die intensive Wirkung des kleinen Bildes beruht nicht zuletzt auf der extrem flächigen Raumgliederung, die sowohl die Steine und Bäume als auch die sinnenden Gestalten silhouettenhaft naherückt, während nur der zunehmende Halbmond, über den Wurzeln der Eiche aufsteigend, fern erscheint. Die Farbigkeit ist fast monochrom, ein rötlichbrauner Gesamtklang dominiert und suggeriert die nächtliche Atmosphäre. Das Mondlicht und die Dämmerung übten auf den Maler eine große Faszination aus. So schreibt Carl Gustav Carus (Friedrich, der Landschaftsmaler, Dresden 1841, S. 25/26): *„Die Dämmerung war sein Element, früh im ersten Morgenlicht ein einsamer Spaziergang und ebenso ein zweiter abends bei oder nach Sonnenuntergang, wobei er indes die Begleitung eines Freundes gerne sah: das waren seine einzigen Zerstreuungen."* – Das über einen steinigen Gebirgspfad heraufgestiegene Paar verharrt statuarisch vor dem Naturschauspiel, wobei sich die Frau auf den Mann stützt. Durch ihre Kleidung als Städter bezeichnet, ersehnen sie eine Übereinstimmung mit der Natur und in der Kontemplation des hellen Mondes fühlen sie sich dem göttlichen Universum nahe. Dieser friedvollen Seite des Bildes ist die entwurzelte Eiche, die in der Diagonale liegend aus dem Bild herauszubrechen scheint, als Hinweis auf die Vergänglichkeit und die zerstörerischen Kräfte der Natur gegenübergestellt. J. Ch. Jensen (Köln 1974, S. 141) geht bei der Interpretation des oben genannten Dresdener Bildes auf Friedrichs vaterländische Gesinnung ein. Sie wird auch in dem Berliner Bild durch die am Mittelalter orientierte Tracht demonstriert, die Ernst Moritz Arndt 1814 propagiert hatte und die während der Demagogenverfolgung verboten wurde. Die Eiche, die immer wieder Baum der Deutschen genannt wird, deutet er dann als Symbol für *„den Zustand Deutschlands in der Restauration"*.

Anmerkung:

1.
J. C. C. Dahl schrieb am 26. 9. 1840 an die Dresdener Galerie, Friedrich habe auf Bestellung mehrere Repliken des Themas ausgeführt und meint in dem Paar den Maler und seine Frau zu erkennen.

Literatur:

C. G. Carus, Friedrich, der Landschaftsmaler, Dresden 1841, S. 25
E. Hanfstaengl 1937, S. 218
L. Prause, C. G. Carus, Berlin 1968, S. 35
W. Sumowski 1970, S. 131, 179, Abb. 162
H. Börsch-Supan 1973, Nr. 404
J. Chr. Jensen 1974, S. 141
Kat. NG 1976, S. 131

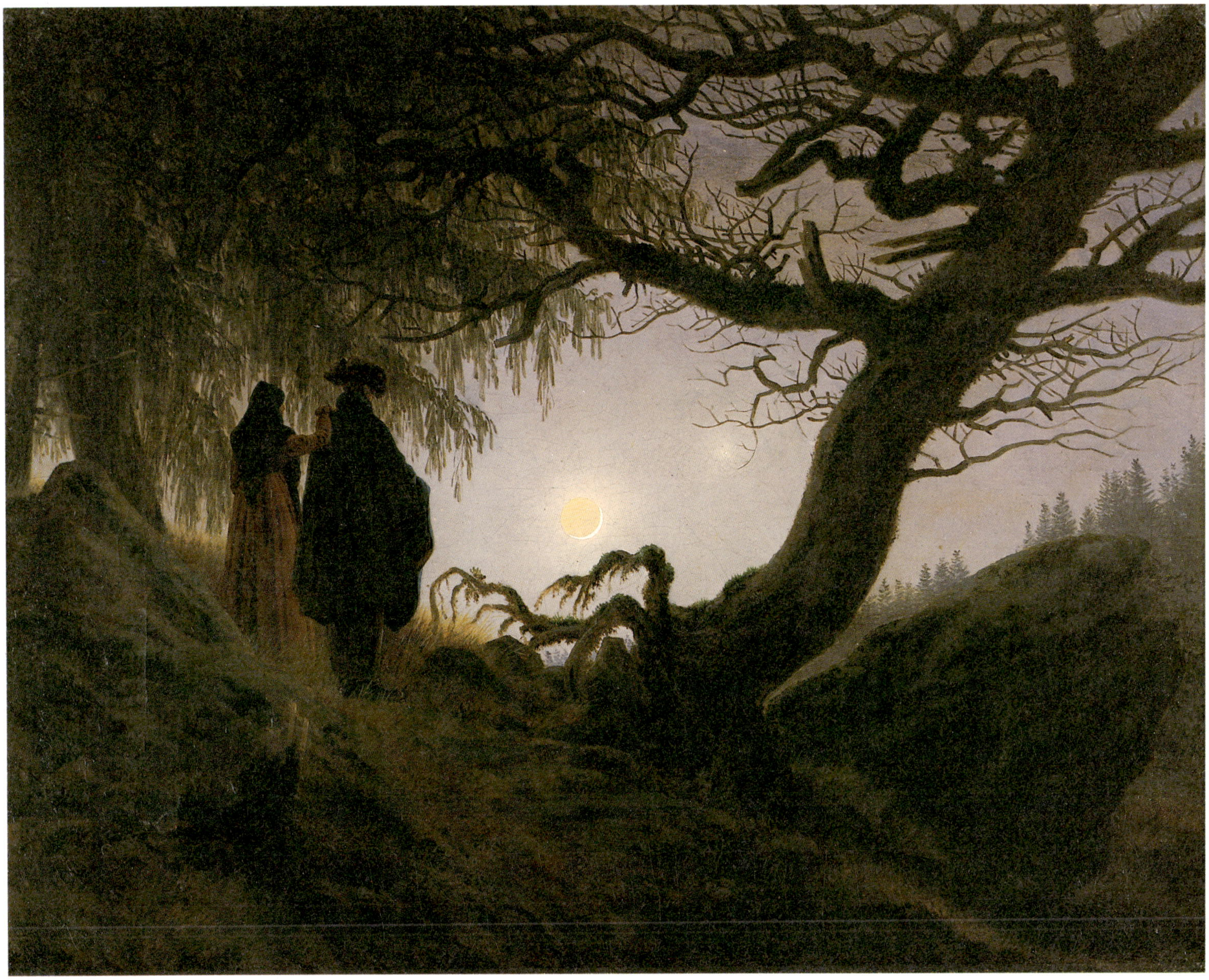

Klosterruine Eldena bei Greifswald
1824/25

Öl auf Leinwand, 35 x 49 cm
Erworben 1927
Provenienz: G. A. Reimer, Berlin, 1834: versteigert auf der Auktion Reimer 1842; Frankfurter Kunsthandel
Inv.-Nr. NG 1534

In der Darstellung von Ruinen knüpft Caspar David Friedrich an eine Tradition an, die bis ins 16. Jh. zurückreicht, als die antike Ruine die Bedeutung eines historischen Denkmals erhielt. (Vor dem 16. Jh. wurden Ruinen vorwiegend als Geburtsstätte Christi dargestellt.) Im 18. Jh. kamen gotische Ruinen hinzu, und in der Gartenkunst begann man, künstliche Ruinen zu schaffen. *„Der Sinngehalt des Themas ist eindeutig: die Ruine ist ein Requisit des ‚Malerischen'. Das Menschenwerk verfällt dem Zugriff der Natur, Zerstörung wird kunstwürdig und zu einer Metapher der Vergänglichkeit“* (W. Hofmann, Kat. Hamburg 1974, S. 60).

Das 1199 gegründete Zisterzienserkloster Eldena bei Greifswald, seit dem 17. Jh. verfallen, wurde im 18. Jh. teilweise abgebrochen. Der Blick geht auf die Westwand mit einem angebauten Tagelöhnerhaus. Die Eichen wurden von Friedrich frei hinzugefügt. Seit seiner Jugend hat Friedrich die Klosterruine Eldena in verschiedenen Versionen dargestellt (H. Börsch-Supan, 1973, S. 229, nennt elf Arbeiten), und unterschiedlich stark ist ihr Bedeutungsgehalt. In der *Abtei im Eichwald* von 1809/10 ist sie zum erhabenen Zentrum einer religiösen Landschaft geworden. Fünfzehn Jahre später, um 1825 (vgl. H. Börsch-Supan, a.a.O., Nr. 328), komponiert Friedrich um die Ruine und das damals dort stehende, 1828 abgerissene Tagelöhnerhaus eine üppig wuchernde Natur. Dominiert bei dem früheren Bild die Todessymbolik in schwermütiger Ausschließlichkeit, so vermittelt der erste Eindruck hier eine stimmungsvolle Idylle. Blühende Zweige und abgestorbene Äste erinnern an den Zyklus des Lebens. Die Mauern aus einer längst vergangenen Zeit scheinen fast ein Teil der Vegetation, würde nicht die hohe Chorwand der Kirche von einstiger Größe zeugen. Friedrich selbst schreibt dazu (Bekenntnisse, Hrsg. K. K. Eberlein, Leipzig 1924, S. 173), daß sich die *„gewaltigen Überreste vergangener Jahrhunderte ... als Zeugen früherer großer Vergangenheit über die kränkelnde Gegenwart“* erheben. Doch nur in der Reflexion des Betrachters lebt die Vergangenheit. In dem Tagelöhnerhaus und den beiden Männern davor, die sich der Enge ihrer Welt nicht bewußt sind, klingt auf fast ironische Weise die Banalität des Alltags mit hinein.

Literatur:

K. K. Eberlein, C. D. Friedrich, Bekenntnisse, ausgewählte Schriften, Leipzig 1924, S. 173
H. Börsch-Supan 1973, Nr. 328
C. D. Friedrich Hamburg 1974, S. 60
R. Rosenblum 1975, Abb. S. 29
W. Schmied 1975, S. 30, Abb. 40
Kat. NG 1976, S. 133

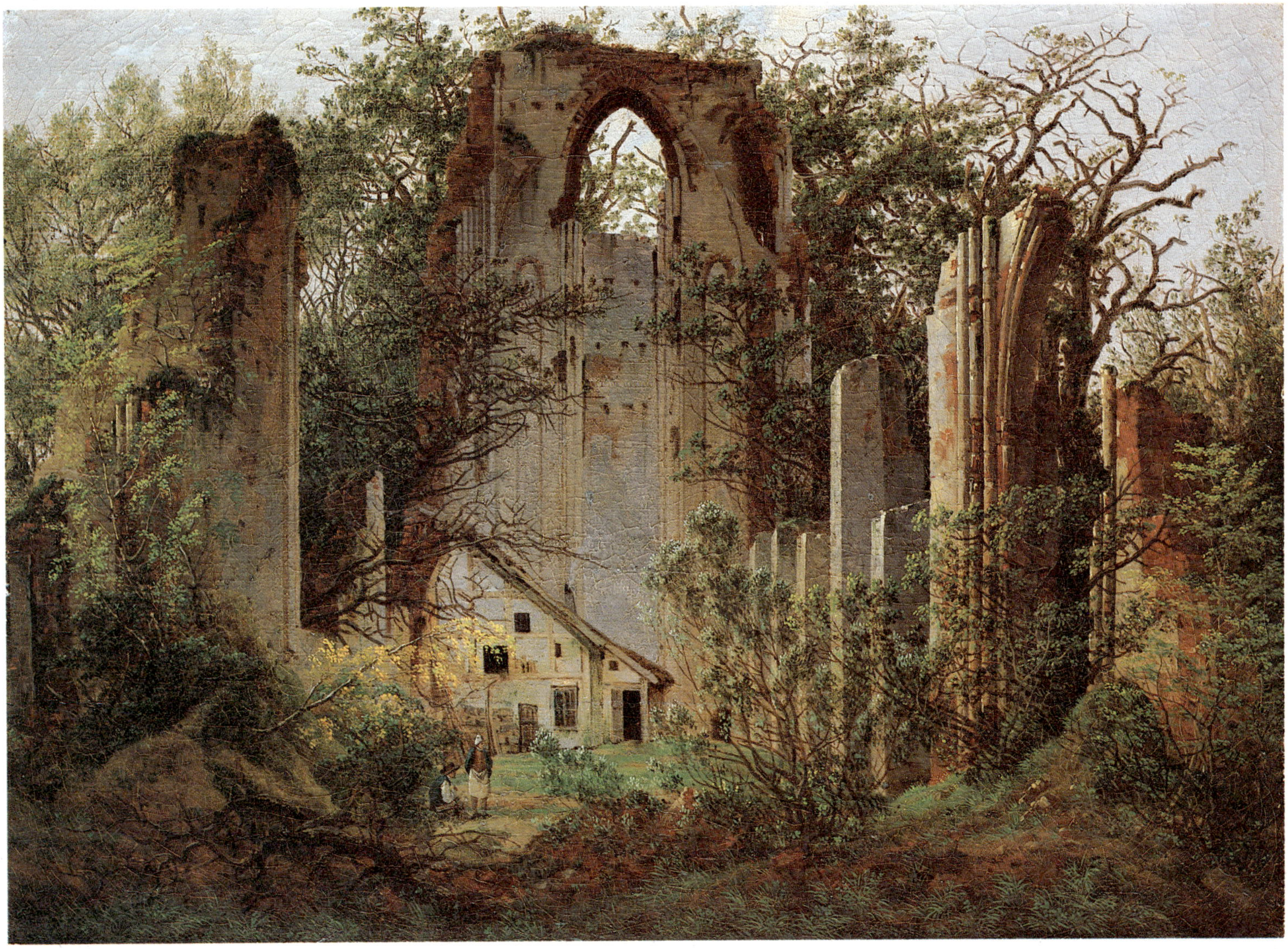

Der Watzmann 1824/25

Öl auf Leinwand, 135 x 170 cm
Erworben 1937
Provenienz: Nach 1832 Senator K. F. Pogge; A. G. B. Georg von Pressentin bis 1879; Martin Brunn, Berlin
Inv.-Nr. A II 895

Nach H. Börsch-Supan (München 1973, S. 212–214) wurde das Bild auf der Dresdener Akademieausstellung von 1825 als Reaktion auf den ein Jahr früher ausgestellten *Watzmann* Ludwig Richters (München, Neue Pinakothek) gezeigt, dessen idyllisch stimmungsvolle Auffassung Friedrich ablehnte. Richter verglich die Landschaftsmalerei mit der Musik, in der *„die Phantasie, der ganze Geist des Menschen aufgeregt wird und Raum hat, weit und selig herumzutummeln in den schönen Gefilden"*. (L. Richter, 30. 1. 1825, in: Lebenserinnerungen eines deutschen Malers, Hrsg. Heinrich Richter, Frankfurt a. M. 1885, S. 386). Friedrich dagegen ging mit seinem hohen Anspruch an Kunst über den für die Romantik so wesentlichen Vergleich mit der Musik hinaus, als er schrieb (C. D. Friedrich in Briefen und Bekenntnissen, Hrsg. S. Hinz, Berlin 1968, S. 83): *„So ist der Mensch dem Menschen nicht als unbedingtes Vorbild gesetzt, sondern das Göttliche, Unendliche ist sein Ziel. Die Kunst ist's, nicht der Künstler, wonach er streben soll! Die Kunst ist unendlich, endlich aller Künstler Wissen und Können."* – Friedrich will keine realistische Darstellung der Natur liefern (darin mit Richter übereinstimmend, der jedoch ein anderes Ziel anstrebte), sondern ein autonomes Bild, das in der zum Erhabenen und Unerreichbaren gesteigerten Gestaltung göttliches Wesen auszudrücken vermag. H. Börsch-Supan schreibt (a.a.O., Nr. 330): *„Der Watzmann ist, wie vielfach im frühen 19. Jh., als Gottessymbol verstanden. Das ewige Eis der Gletscher ist Gleichnis für die Ewigkeit Gottes."*

Friedrich, der nie in den Alpen war, verarbeitet in dem Gemälde eine Aquarellstudie seines Schülers August Heinrich (1821, Oslo, aus dem Nachlaß Dahls), eine eigene Zeichnung von einer Harzreise 1811 (28. 6. 1811, die geschichteten Felsen des Mittelgrundes, Dortmund, Privatbesitz), weitere, heute verschollene Zeichnungen (H. Börsch-Supan, a.a.O., Nr. 264, 317, 402) und (nach W. Schmied, Köln 1975, S. 104 ff.) Skizzen aus dem Riesengebirge. W. Schmied hat darauf hingewiesen, daß in dem Bild Dreiecksformen in den *„verschiedenen Bildplänen hintereinandergeordnet sind und sich farblich von beinahe völliger Schwärze bis zu hellstem Weiß entwickeln"*. Ein festes Kompositionsschema liegt also dem Aneinanderfügen verschiedenartiger Elemente zugrunde. Indem Friedrich einen Gedanken verfolgt, sucht er sich aus seinem Fundus an Zeichnungen das, was er braucht und fügt es wie bei einer Collage zusammen. – Da die Natur also nur Mittel ist, widerspricht eine solche Konstruktion nicht dem Wahrheitsgehalt des Bildes. Das Verwenden von verschiedenen, teilweise nicht selbst gesehenen, Landschaftselementen belegt besonders deutlich Friedrichs symbolhaftes Denken.

Durch die Hintereinanderstaffelung der Bergrücken erscheint der in hellem Licht liegende Schnee- und Gletscherberg wie eine Vision aus einer fernen Welt. Sein Strahlen zieht unseren Blick über die dunklen Zonen des Vordergrundes, wo er durch die Betrachtung einiger im Licht liegender Felsen aufgehalten wird, magisch zu sich. Das in der menschlichen Psyche verwurzelte archetypische Empfinden verleiht dem Berg seine Größe und macht ihn zu einem Symbol göttlicher Majestät. In dieser Kompromißlosigkeit vermochten die Zeitgenossen Friedrich nicht zu folgen und bevorzugten Richters verbindlichere Naturauffassung. So wurde von der Kritik *„die völlige Einsamkeit"* (Anonym in: Literarisches Conversationsblatt 1825, S. 880), wie das Fehlen eines Ausblicks ins Tal (Carl Töpfer, Erste Kunstausstellung in Hamburg, Originalien aus dem Gebiet der Wahrheit, Kunst, Laune und Phantasie 10, 1826, [Nr. 47 im Verzeichnis]) gerügt. Der Kritiker Johann Gottlieb von Quandt, der selbst Bilder Friedrichs besaß, bemängelte (Betrachtungen über die Ausstellung in Dresden im August und September 1825, Artistisches Notizenblatt 1825, S. 81), daß der Maler einerseits die Natur zu wenig studiert, andererseits seine Phantasie nicht frei genug entfaltet hätte.

Literatur:

J. G. v. Quandt, in: Artistisches Notizenblatt, 1825, S. 81
M. Prause, C. G. Carus, Berlin 1967, S. 59/60, Anmerkung 10
W. Sumowski 1970, S. 77, 111, 157, 172, 218, 218/219
H. Börsch-Supan 1973, Nr. 330
W. Schmied 1975, S. 104 f., Farbt. S. 105
Kat. NG 1976, S. 133

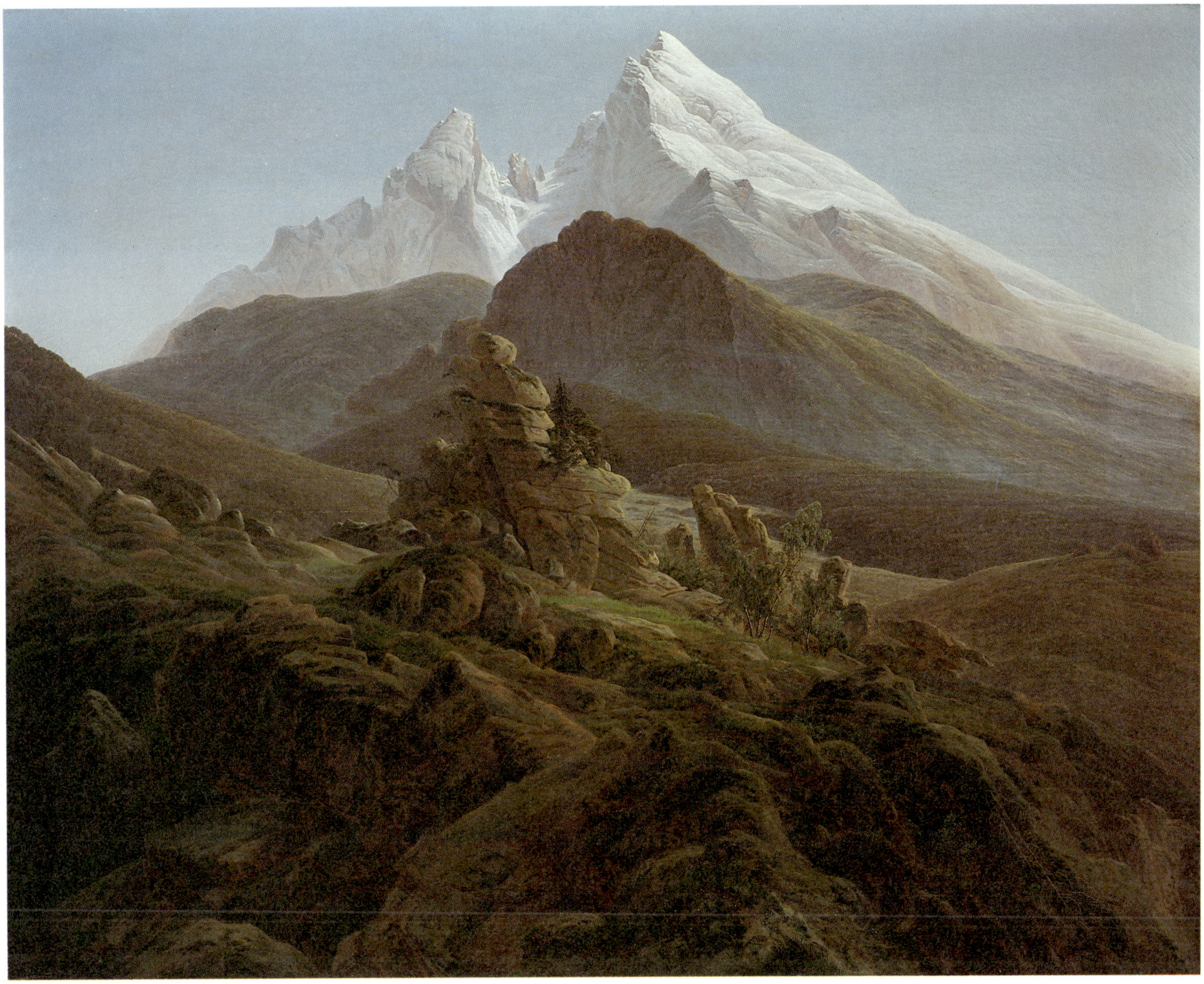

Verschneite Hütte 1827

Öl auf Leinwand, 31 x 25 cm
Erworben: 1960 als Geschenk der Deutschen Klassenlotterie, Berlin
Provenienz: Prinz Johann Georg von Sachsen; Kunsthandlung P. Rusch; 1928 Hugo Salm, Dresden; seit 1933 Südamerika; Berliner Kunsthandel
Inv.-Nr. NG 9/60

Nicht als idyllisches Versatzstück, sondern als Hauptmotiv im Zentrum des Bildes ist ein alter Heuschober dargestellt, dessen Tür aus den Angeln geraten ist. Und nur an der Tür erkennt man, daß es sich bei dem schneebedeckten Gebilde nicht um einen Erdhügel handelt. Der Umgebung optisch angeglichen, wird die vielleicht auch als Unterstand benutzte Hütte wieder im Erdreich vergehen können, wieder Bestandteil der Natur werden. In seiner Konzentration und auch in der Reduktion der Form- und Farbwerte ist das Bild ein Gleichnis der Einsamkeit, des Absterbens und des Todes. Doch weisen die knochigen Weiden hinter der Hütte mit ihren jungen Trieben auf neues Leben, das dem Winter folgt. So wird auch das Unbedeutende zu einer Metapher des Lebens.

Anläßlich der Ausstellung des Bildes in Dresden 1827 heißt es in einer Besprechung (Blätter für Literarische Unterhaltung, Dresden 1827, S. 916): *„Seine beiden kleinen Stücke, die verfallene Hütte unter dem Schnee und das dunkle Gewölbe, sind in dem selben Geist gedichtet und gemahnen an ähnlich kurze Episoden in Ossians Gesängen."*

In der gleichen Zeit entstanden noch weitere kleinformatige Bilder, Winterlandschaften, in denen die Nahansicht unbedeutender Motive wesentlich dazu beiträgt, ihre Symbolkraft zu steigern (vgl. Kat. München 1984 *C. D. F. - Zehn Gemälde,* mit ausführlichen Kommentaren zu dieser Werkgruppe). Eine ähnliche Hütte kehrt wieder in dem Bild *Ruinen in der Abenddämmerung* von 1831 (Neue Pinakothek, München).

Literatur:

Blätter für Literatur und Unterhaltung, Dresden 1827, S. 916
W. Sumowski 1970, S. 125, 127, 220
H. Börsch-Supan 1973, Nr. 355
Kat. NG 1976, S. 135
Ausstellungs-Kat. Caspar David Friedrich - 10 Gemälde, München 1984, Nr. 7, Farbtaf.

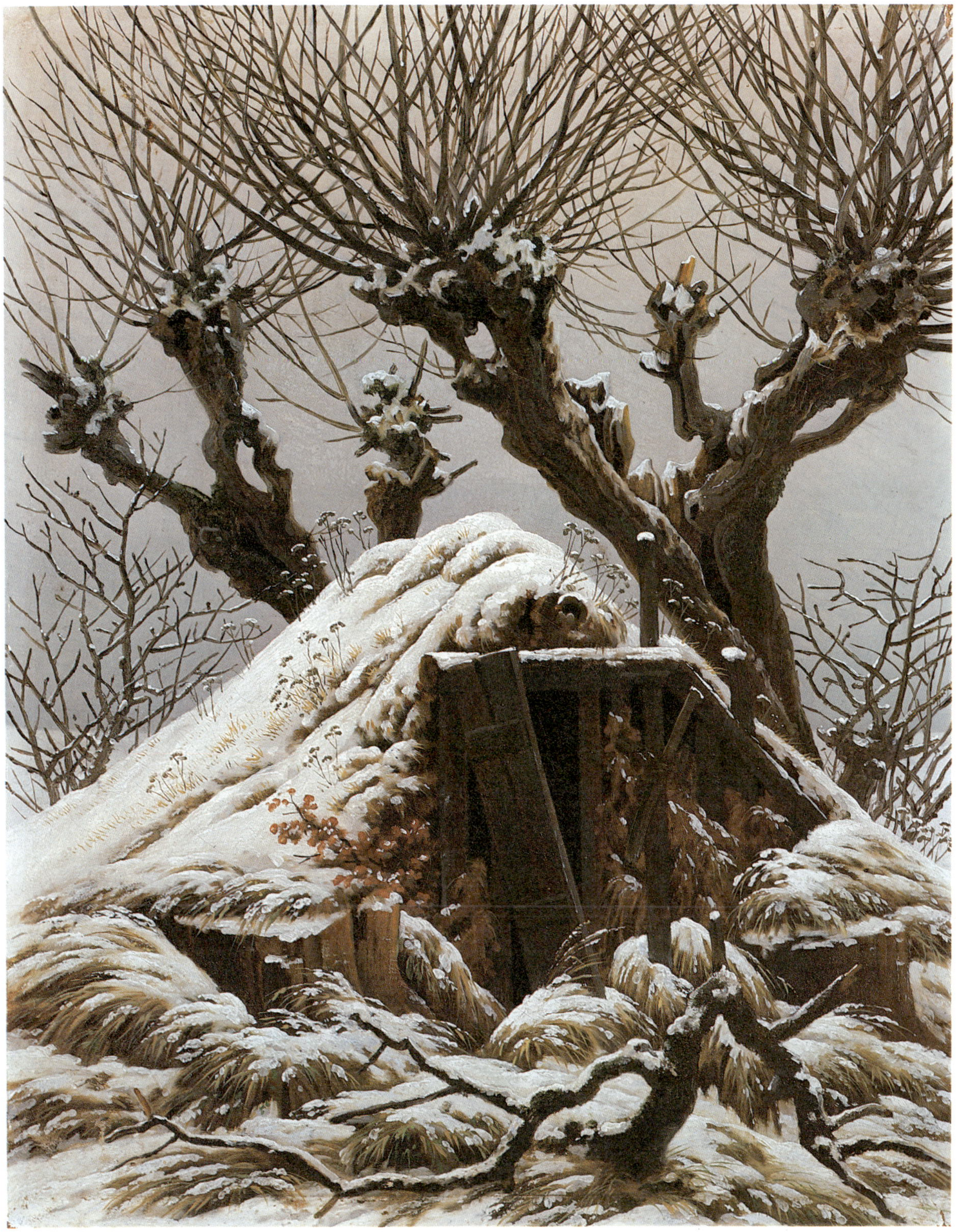

Eichbaum im Schnee 1829

Öl auf Leinwand, 71 x 48 cm
Erworben: 1921
Provenienz: Slg. G. A. Reimer, Berlin; um 1843 C. G. Carus, Dresden; 1921 im Tausch von Kunsthandlung F. Axt, Dresden erworben
Inv.-Nr. A II 338

Das Erstarrte, Unheimliche dieser halb abgestorbenen Eiche ergibt sich aus ihrer vereinzelten Position im Vordergrund, einer reduzierten Farbskala und dem scharfen Kontrast des schwarzen Stammes gegen den kalten blauen Himmel. Es ist die konzentrierteste, kompositorisch ausgereifteste Fassung des Motivs der abgestorbenen Eiche, die in dieser Form bereits im *Hünengrab im Schnee* von 1807 (Staatl. Kunstsammlg. Dresden), im *Winter* von 1808 (früher Bayerische Staatsgemäldesammlg. München, 1931 verbrannt) und im *Klosterfriedhof im Schnee* von 1817 (früher NG Berlin, 1945 verbrannt) vorkommt. Vereinzelt dargestellt erscheint sie erstmals in der *Eiche im Schnee* von 1827 (Wallraf-Richartz-Museum Köln). Gegenüber jener Fassung ist das Berliner Bild im Aufbau wesentlich verändert und wirkt konzentrierter. Die farbig klar voneinander abgesetzten Grundelemente von schneebedecktem Feld, Wald, Himmel und Baumstamm bilden ein strenges Grundschema aus Horizontalen und Vertikalen, umwoben von zarten, vielgestaltigen Formen in Gräsern, Zweigen und Wolken. Die Eiche ist sehr stark verstümmelt und ihre untersten Äste, qualvoll verkrümmt, bilden ein seltsam verschlungenes Muster zusammen mit den fließenden Formen des gefrorenen Tümpels und dem gekrümmten, verfaulenden Baumstamm, der als Todessymbol gelten darf. Einst ein mächtiger, die Umgebung durch seine Größe beherrschender Baum, ist die Eiche nun ein monumentales Denkmal der Vergänglichkeit geworden. Doch noch ist Leben in ihr und nach dem Winter wird sie wieder neu ergrünen. Kein bedrückend verhangener Wintertag, sondern ein unendlicher, blauer Himmel hinterfangen sie als transzendenter Bereich.

Literatur:

Berliner Kunstblatt 1829, S. 244
W. Sumowski 1970, S. 117, 226, 238
H. Börsch-Supan 1973, Nr. 365
Kat. NG 1976, S. 136
P. Rautmann 1979, S. 102, Abb. 34

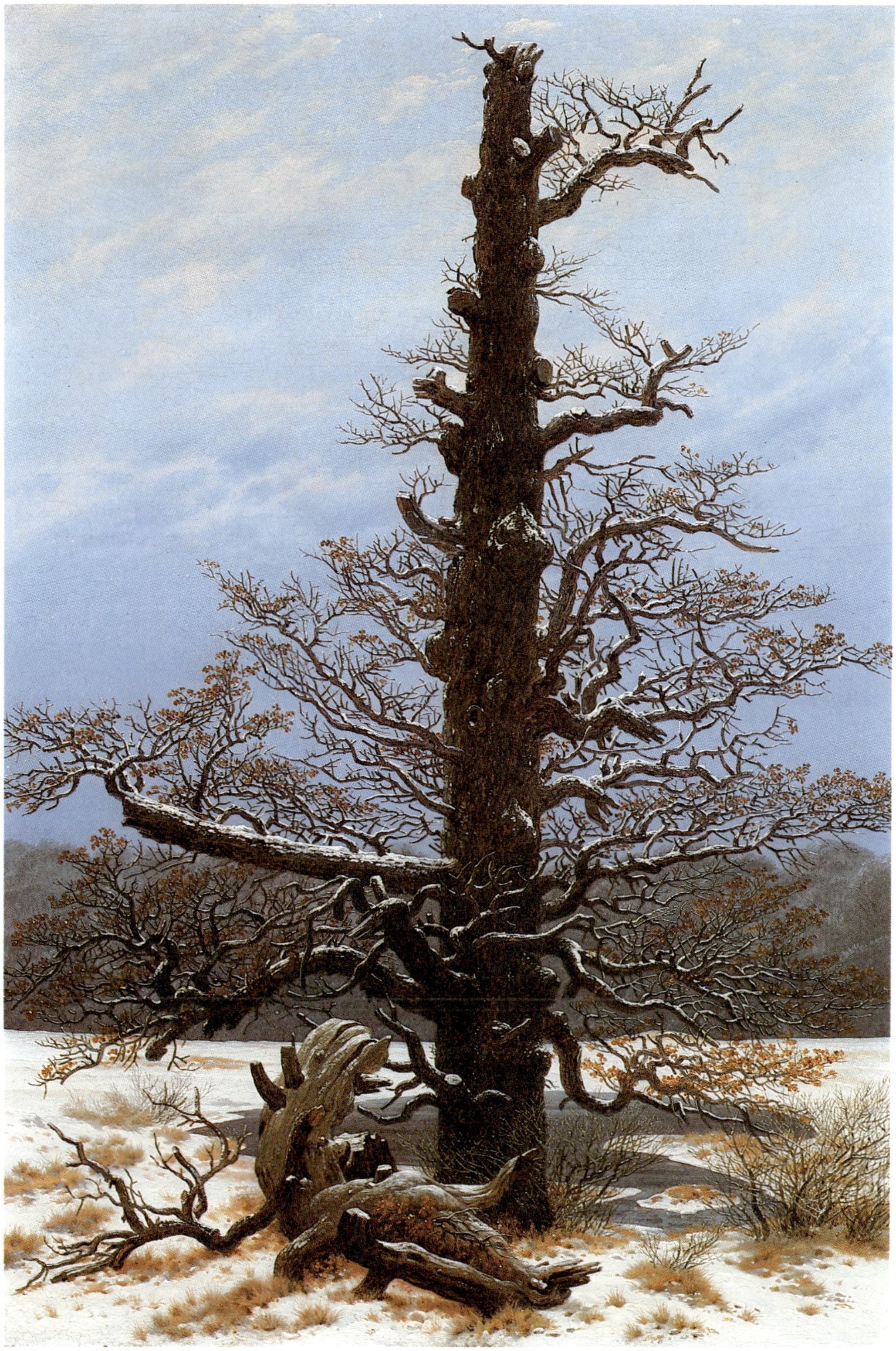

Meeresküste bei Mondschein um 1830

Öl auf Leinwand, 77 x 97 cm
Erworben: 1903
Provenienz: 1833 G. A. Reimer, Berlin; nicht in den beiden Auktionen von Reimers Besitz; Freifrau Schuler von Senden, Heidelberg
Inv.-Nr. NG 844

Streng durch eine gerade Horizontlinie in zwei Bildhälften geteilt, sind Himmel und Erde einander gegenübergestellt. Eine mit *Saßnitz* beschriftete Studie vom 4. 6. 1826 (Oslo H 730) diente als Vorzeichnung (W. Sumowski, Wiesbaden 1970, Abb. 185). Wie auch in anderen Werken hat Friedrich die Komposition auf die Mitte konzentriert, wo sich die Kurven der Steinformationen mit denen der Wolkenwirbel treffen. Diese dramatisch bewegten Wolken weisen auf ein vergangenes Unwetter hin, denn die See mit dem steinigen Strand ist wieder ruhig. Friedrichs kontemplativer Natur entsprach es, eine ruhige See zu malen. Erst sehr genaue Betrachtung zeigt, daß als Nachklang des Sturmes in der Ferne noch eine gleichmäßig hohe Dünung steht. Ein auf der Seite liegendes Segelschiff ist, wohl vom Sturm, ans Ufer geworfen worden. Die beiden Seeleute, die das Boot auf einem im Wasser liegenden Steinbrocken sitzend bewachen, haben ein Feuer entfacht. Dem kleinen Licht antwortet der zwischen den eilenden Wolken erscheinende Mond als visionäres Himmelslicht. Den Schiffbrüchigen mag er ein göttliches Hoffnungszeichen sein, auch wenn das Licht von Wolken verschleiert ist. Da schwarze, graue und grünliche Farbtöne dominieren und die zwei Seeleute winzig und verloren im Dämmern der Nacht versinken, werden Unendlichkeit und Rätselhaftigkeit des Meeres besonders fühlbar.

Literatur:

Kunstchronik 1903, Sp. 256
H. v. Einem 1938, S. 71, 115, Abb. 84
W. Sumowski 1970, S. 87, 88, 217
H. Börsch-Supan 1973, Nr. 392
Kat. NG 1976, S. 136

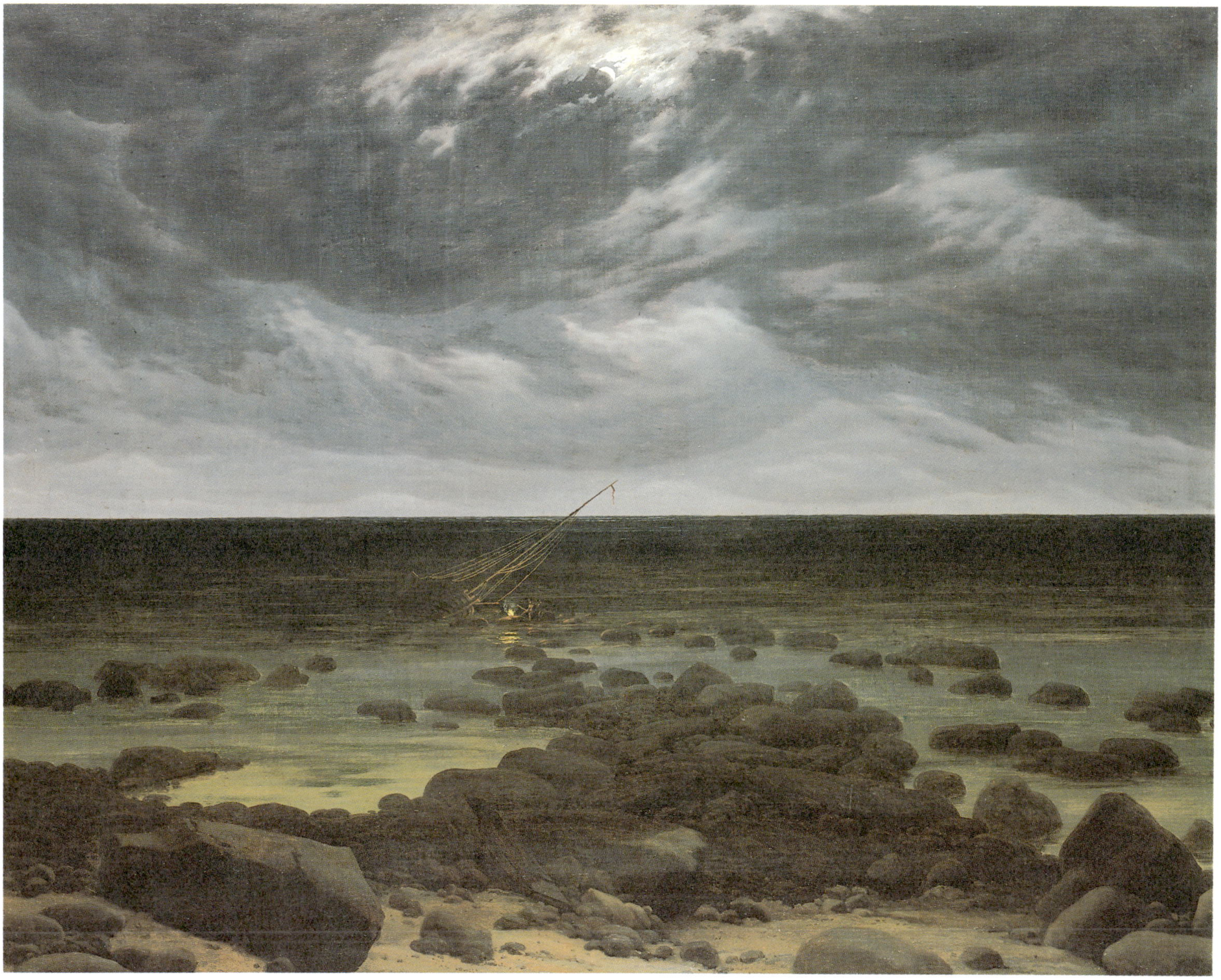

Riesengebirge um 1830–35

Öl auf Leinwand, 72 x 102 cm
Erworben: 1909
Provenienz: Frau Elsa von Corswant, Berlin
Inv.-Nr. NG 907

Nur einmal im Leben, im Juli 1810, hat Friedrich mit seinem Malerfreund G. F. Kersting eine Wanderung durch das Riesengebirge unternommen. Die dort gemachten Skizzen dienten ihm bis ins Alter als Vorlage für zahlreiche Riesengebirgsbilder.

Verglichen mit dem Frühwerk *Morgen im Riesengebirge* von 1810/11 (NG Berlin) ist die fast völlig waagerechte Horizontlinie hier aufgegeben. Der irdische und himmlische Bereich korrespondieren durch einen zart angedeuteten ellipsenförmigen Aufbau. Auf der Erde neigen sich die hintereinandergestaffelten Hügel der Mitte zu, so daß sie eine Art Mulde bilden, die in einem fernen Bereich durch Berge abgeschlossen wird. Am Himmel entsteht diese Grundstruktur durch das Licht der untergehenden Sonne und die übereinanderliegenden Wolkenstreifen. Die früher übliche Bezeichnung *Vor Sonnenaufgang im Gebirge* ist bereits bei der Breslauer Ausstellung 1937 angezweifelt worden, da es sich um eine Abendstimmung handle. Das würde auch der von G. Grundmann (München 1958, S. 97/98) vorgeschlagenen Lokalisierung im Riesengebirge entsprechen, wonach der Ausblick vom Koppenplan oberhalb der Wiesenbaude in Richtung Südwesten zum Ziegenrücken und Jeschken dargestellt ist. (Dagegen meint W. Schmied [Köln 1975, S. 112] in dem Bild wieder einen Sonnenaufgang zu erkennen.)

Im Vordergrund, durch den erhöhten Blickpunkt dem Betrachter jedoch schon fern, sitzt ein Hirte oder Wanderer auf einem Stein. Mit rotem Wams und Hut entspricht er der von Schelling geforderten *„autochthonen Staffage"* und unterscheidet sich so von den beiden Gestalten im *Morgen im Riesengebirge*, die als Städter zu interpretieren sind. Ihm ist die Bergwelt Lebensbereich und dem Naturschauspiel des sonnenbestrahlten Himmels hat er den Rücken zugekehrt. Hinter ihm ist in der menschenleeren Landschaft nichts, was das Auge des Betrachters ablenken könnte. Seine Seele wird sich eins mit der Unendlichkeit wissen und die Weite, in der die Gesetze von Raum und Zeit nicht mehr gültig zu sein scheinen, wird als Teil und Sinnbild des Kosmos bewußt.

Literatur:

G. Grundmann 1958, S. 97/98
H. Börsch-Supan 1973, Nr. 414
W. Schmied 1975, S. 112, Farbtaf. S. 113
Kat. NG 1976, S. 138

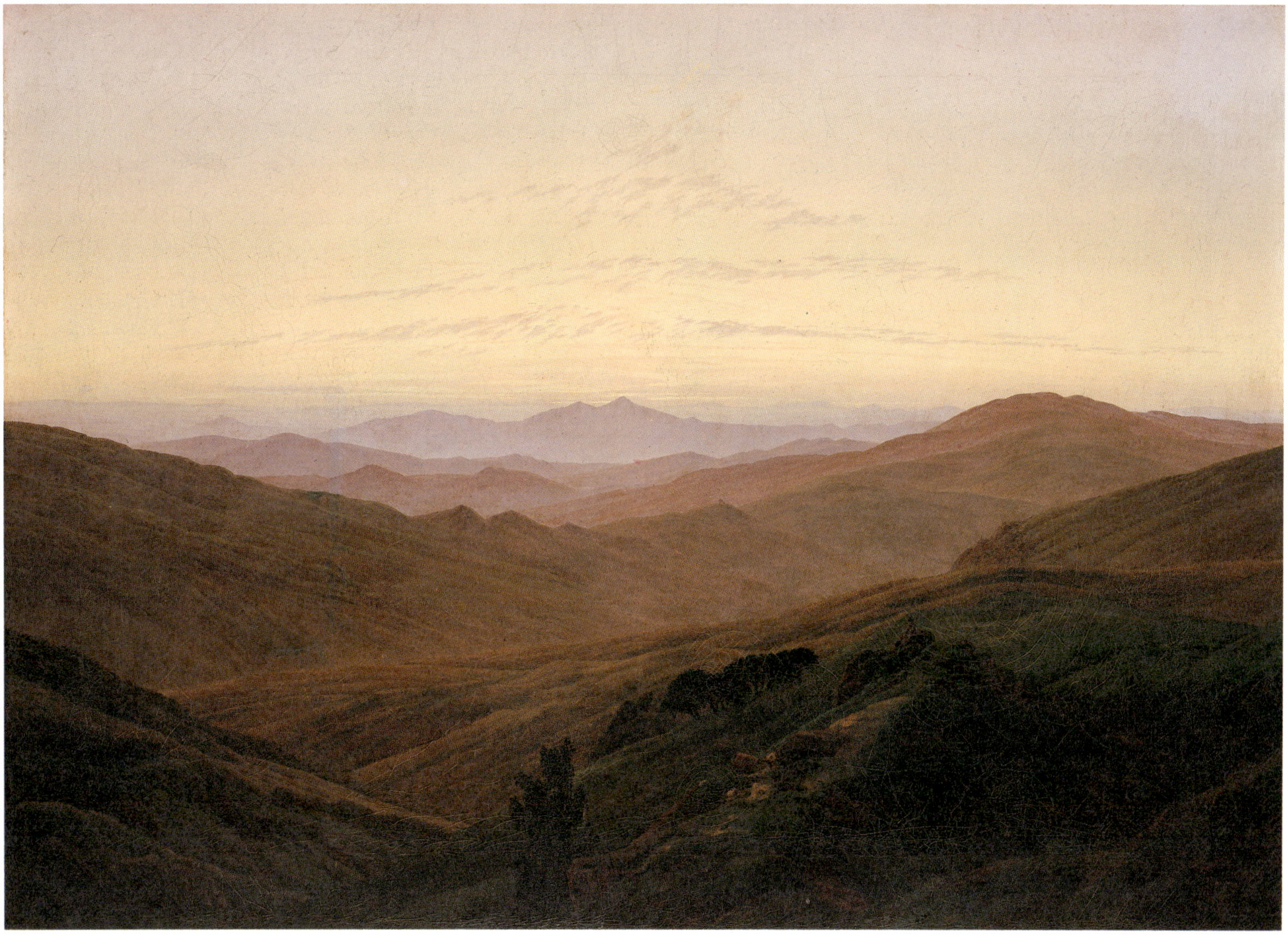

Abgekürzt zitierte Literatur

A. Aubert 1915	Andreas Aubert *Caspar David Friedrich,* Hg. J. Kern, Berlin 1915
W. Wolfradt 1924	Willi Wolfradt *C. D. Friedrich und die Landschaft der Romantik,* Berlin 1924
O. Schmitt 1931	Otto Schmitt *Die Ruine Eldena im Werk von C. D. Friedrich,* Stettin 1931
E. Hanfstaengl 1937	Eberhard Hanfstaengl, *Vier neue Bilder von Caspar David Friedrich in der Nationalgalerie,* Jahrbuch der Preußischen Kunstsammlungen 1937, LVIII, S. 217
G. Grundmann 1958	Günther Grundmann *Das Riesengebirge in der Malerei der Romantik,* Berlin 1924
H. Börsch-Supan 1960	Helmut Börsch-Supan *Die Bildgestaltung bei C. D. Friedrich,* München 1960 (Diss. Berlin 1958)
E. Forssmann 1966	Erik Forssmann *Fensterbilder von der Romantik bis zur Moderne,* Stockholm 1966
W. Sumowski 1970	Werner Sumowski *Caspar David Friedrich-Studien,* Wiesbaden 1970
W. Geismeier 1973	Willi Geismeier *Caspar David Friedrich,* Berlin 1973
H. Börsch-Supan 1973	Helmut Börsch-Supan/ Karl Wilhelm Jähnig *C. D. Friedrich, Gemälde, Druckgraphik und bildmäßige Zeichnungen,* München 1973
G. Eimer 1974	Gerhard Eimer *C. D. Friedrich,* Frankfurt/M. 1974
C. D. Friedrich, Hamburg 1974	*C. D. Friedrich,* Ausstellungs-Kat. Kunsthalle Hamburg 1974
J. Chr. Jensen 1974	Jens Christian Jensen *Caspar David Friedrich,* Köln 1974
W. Schmied 1975	Wieland Schmied *Caspar David Friedrich,* Köln 1975
R. Rosenblum 1975	Robert Rosenblum *Modern painting and the Northern Romantic Tradition,* London 1975
Kat. NG 1976	*Verzeichnis der Gemälde und Skulpturen des 19. Jahrhunderts* Nationalgalerie Berlin 1976
P. Rautmann 1979	Peter Rautmann *C. D. Friedrich, Landschaft als Sinnbild entfalteter bürgerlicher Wirklichkeitsaneignung,* Frankfurt/M. 1979
M. le Bris 1981	Michel le Bris *Die Romantik in Wort und Bild,* Genf 1981